DOCÊNCIA em FORMAÇÃO
Educação Infantil

Coordenação:
Selma Garrido Pimenta

EDITORA AFILIADA

© 2014 by Silvana de Oliveira Augusto

© Direitos de publicação
CORTEZ EDITORA
Rua Monte Alegre, 1074 – Perdizes
05014-001 – São Paulo – SP
Tel.: (11) 3864-0111 Fax: (11) 3864-4290
cortez@cortezeditora.com.br
www.cortezeditora.com.br

Direção
José Xavier Cortez

Editor
Amir Piedade

Preparação
Alessandra Biral

Revisão
Alexandre Ricardo da Cunha
Rodrigo da Silva Lima
Roksyvan Paiva

Edição de Arte
Mauricio Rindeika Seolin

Ilustração de Capa
Antônio Carlos Tassara

Dados Internacionais de Catalogação na Publicação (CIP)
(Câmara Brasileira do Livro, SP, Brasil)

Augusto, Silvana de Oliveira
 Ver depois de olhar: a formação do olhar dos professores para os desenhos de crianças / Silvana de Oliveira Augusto. – 1. ed. São Paulo: Cortez, 2014. – (Coleção docência em formação / coordenação Selma Garrido Pimenta. Série Educação Infantil)

 ISBN 978-85-249-2212-1

 1. Desenhos de crianças 2. Educação – finalidade e objetivos 3. Pedagogia 4. Prática de ensino 5. Professores – formação profissional I. Pimenta, Selma Garrido. II. Título. III. Série.

 14-07469   CDD-370.71

Índices para catálogo sistemático:
1. Educação Infantil: Professores: Formação: Educação   370.71

Impresso no Brasil – dezembro de 2021

Silvana de Oliveira Augusto

Ver depois de olhar
A formação do olhar dos professores para os desenhos de crianças

1ª edição
3ª reimpressão

Agradecimentos

A Zilma, mestre querida, pela confiança, sabedoria e generosidade sem-fim.

A todas as auxiliares de desenvolvimento infantil (ADIs), professoras-supervisoras e supervisoras pedagógicas que compartilharam o nascimento das ideias que organizei na elaboração deste livro.

Às crianças dos Centros de Educação Infantil (CEIs) da Secretaria Municipal de Educação de São Paulo.

Às crianças do Colégio Logos.

A Marina, Fernanda, Ana Paula e Luiza, pelos lindos desenhos para os quais eu não me canso de olhar, e Ceci, pelo inspirador bate-papo sobre os próprios desenhos.

A Bertili, pela escuta atenta.

*Dedico a todas as crianças dos CEIs e das escolas
que estiveram comigo em todos esses anos, melhorando meu olhar a cada dia.*

SUMÁRIO

AOS PROFESSORES 7

APRESENTAÇÃO DA COLEÇÃO 9

PREFÁCIO 19

INTRODUÇÃO 21

Capítulo I   O OLHAR DOS PROFESSORES 33

1. Visões sobre o desenho 36

2. A atividade reflexiva do olhar 41

3. Ideias sobre como estudar
o desenho de crianças 46

3.1. O estudo de percursos criativos 46

3.2. Os professores como *fruidores*
de desenhos de crianças 53

3.3. A mediação para a formação do olhar 55

Capítulo II   REFERÊNCIAS PARA OLHAR
O DESENHO DE CRIANÇAS 65

1. As contribuições da história
do desenho e da arte 67

2. As contribuições da psicologia 74

2.1. Desenho como pensamento 76

2.2. Desenho como movimento 111

2.3. Desenho como visualidade 125

3. As contribuições sócio-históricas 130

3.1. Desenho como atividade 134

	4. A construção de referenciais como escolha metodológica	136
	4.1. A construção do olhar como problema para a formação de professores	138

Capítulo III PERCURSOS DE DESENHO 143

1. A gênese singular da figura 152
2. Isto não é um cachimbo 161
3. Contorno e preenchimento 168
4. Padrões musicais de ocupação do espaço .. 180
5. Dois jogos em um mesmo percurso 184
6. O efeito da força 195
7. O que aconteceu com nossos olhares 196

CONCLUSÃO 199

1. Os referenciais teóricos na formação prática dos educadores 202
2. Um desenho para as metodologias na formação do olhar dos professores 205

REFERÊNCIAS 209

AOS PROFESSORES

A **Cortez Editora** tem a satisfação de trazer ao público brasileiro, particularmente aos estudantes e profissionais da área educacional, a **Coleção Docência em Formação**, destinada a subsidiar a formação inicial de professores e a formação contínua daqueles que estão em exercício da docência.

Resultado de reflexões, pesquisas e experiências de vários professores especialistas de todo o Brasil, a Coleção propõe uma integração entre a produção acadêmica e o trabalho nas escolas. Configura um projeto inédito no mercado editorial brasileiro por abarcar a formação de professores para todos os níveis de escolaridade: **Educação Básica** (incluindo a **Educação Infantil**, o **Ensino Fundamental** e o **Ensino Médio**), a **Educação Superior**, a **Educação de Jovens e Adultos** e a **Educação Profissional**. Completa essa formação com os Saberes Pedagógicos.

Com mais de 30 anos de experiência e reconhecimento, a Cortez Editora é uma referência no Brasil, nos demais países latino-americanos e em Portugal por causa da coerência de sua linha editorial e da atualidade dos temas que publica, especialmente na área da Educação, entre outras. É com orgulho e satisfação que lança a **Coleção Docência em Formação**, pois estamos convencidos de que se constitui em novo e valioso impulso e colaboração ao pensamento pedagógico e à valorização do trabalho dos professores na direção de uma escola melhor e mais comprometida com a mudança social.

José Xavier Cortez
Editor

APRESENTAÇÃO DA COLEÇÃO

A Coleção **Docência em Formação** tem por objetivo oferecer aos professores em processo de formação e aos que já atuam como profissionais da Educação subsídios formativos que levem em conta as novas diretrizes curriculares, buscando atender, de modo criativo e crítico, às transformações introduzidas no sistema nacional de ensino pela Lei de Diretrizes e Bases da Educação Nacional, de 1996. Sem desconhecer a importância desse documento como referência legal, a proposta desta Coleção identifica seus avanços e seus recuos e assume como compromisso maior buscar uma efetiva interferência na realidade educacional por meio do processo de ensino e de aprendizagem, núcleo básico do trabalho docente. Seu propósito é, pois, fornecer aos docentes e alunos das diversas modalidades dos cursos de formação de professores (licenciaturas) e aos docentes em exercício, livros de referência para sua preparação científica, técnica e pedagógica. Os livros contêm subsídios formativos relacionados ao campo dos saberes pedagógicos, bem como ao campo dos saberes relacionados aos conhecimentos especializados das áreas de formação profissional.

A proposta da Coleção parte de uma concepção orgânica e intencional de educação e de formação de seus profissionais, e com clareza do que se pretende formar para atuar no contexto da sociedade brasileira contemporânea, marcada por determinações históricas específicas.

Como bem mostram estudos e pesquisas recentes na área, os professores são profissionais essenciais nos processos de mudanças das sociedades. Se forem deixados à margem, as decisões pedagógicas e curriculares alheias, por mais interessantes que possam parecer, não se efetivam, não gerando efeitos sobre o social. Por isso, é preciso investir na formação e no desenvolvimento profissional dos professores.

Na sociedade contemporânea, as rápidas transformações no mundo do trabalho, o avanço tecnológico configurando a sociedade virtual e os meios de informação e comunicação incidem com bastante força na escola, aumentando os desafios para torná-la uma conquista democrática efetiva. Transformar as escolas em suas práticas e culturas tradicionais e burocráticas que, por intermédio da retenção e da evasão, acentuam a exclusão social, não é tarefa simples nem para poucos. O desafio é educar as crianças e os jovens propiciando-lhes um desenvolvimento humano, cultural, científico e tecnológico, de modo que adquiram condições para fazer frente às exigências do mundo contemporâneo. Tal objetivo exige esforço constante do coletivo da escola – diretores, professores, funcionários e pais de alunos – dos sindicatos, dos governantes e de outros grupos sociais organizados.

Não se ignora que esse desafio precisa ser prioritariamente enfrentado no campo das políticas públicas. Todavia, não é menos certo que os professores são profissionais essenciais na construção dessa

APRESENTAÇÃO DA COLEÇÃO

nova escola. Nas últimas décadas, diferentes países realizaram grandes investimentos na área da formação e desenvolvimento profissional de professores visando essa finalidade. Os professores contribuem com seus saberes, seus valores, suas experiências nessa complexa tarefa de melhorar a qualidade social da escolarização.

Entendendo que a democratização do ensino passa pelos professores, por sua formação, por sua valorização profissional e por suas condições de trabalho, pesquisadores têm apontado para a importância do investimento no seu desenvolvimento profissional, que envolve formação inicial e continuada, articulada a um processo de valorização identitária e profissional dos professores. Identidade que é *epistemológica*, ou seja, que reconhece a docência como um *campo de conhecimentos específicos* configurados em quatro grandes conjuntos, a saber:

1. conteúdos das diversas áreas do saber e do ensino, ou seja, das ciências humanas e naturais, da cultura e das artes;
2. conteúdos didático-pedagógicos, diretamente relacionados ao campo da prática profissional;
3. conteúdos relacionados a saberes pedagógicos mais amplos do campo teórico da educação;
4. conteúdos ligados à explicitação do sentido da existência humana individual, com sensibilidade pessoal e social.

Vale ressaltar que identidade que é *profissional*, ou seja, a docência, constitui um campo específico de intervenção profissional na prática social.

E, como tal, ele deve ser valorizado em seus salários e demais condições de exercício nas escolas.

O desenvolvimento profissional dos professores tem se constituído em objetivo de propostas educacionais que valorizam a sua formação não mais fundamentada na racionalidade técnica, que os considera como meros executores de decisões alheias, mas em uma perspectiva que reconhece sua capacidade de decidir. Ao confrontar suas ações cotidianas com as produções teóricas, impõe-se rever suas práticas e as teorias que as informam, pesquisando a prática e produzindo novos conhecimentos para a teoria e a prática de ensinar. Assim, as transformações das práticas docentes só se efetivam à medida que o professor *amplia sua consciência sobre a própria prática*, a de sala de aula e a da escola como um todo, o que pressupõe os conhecimentos teóricos e críticos sobre a realidade. Tais propostas enfatizam que os professores colaboram para transformar as escolas em termos de gestão, currículos, organização, projetos educacionais, formas de trabalho pedagógico. Reformas gestadas nas instituições, sem tomar os professores como parceiros/autores, não transformam a escola na direção da qualidade social. Em consequência, *valorizar o trabalho docente significa dotar os professores de perspectivas de análise que os ajudem a compreender os contextos históricos, sociais, culturais, organizacionais nos quais se dá sua atividade docente.*

Na sociedade brasileira contemporânea, novas exigências estão postas ao trabalho dos professores. No colapso das antigas certezas morais, cobra-se deles que cumpram funções da família e de outras

APRESENTAÇÃO DA COLEÇÃO

instâncias sociais; que respondam à necessidade de afeto dos alunos; que resolvam os problemas da violência, das drogas e da indisciplina; que preparem melhor os alunos nos conteúdos das matemáticas, das ciências e da tecnologia tendo em vista colocá-los em melhores condições para enfrentarem a competitividade; que restaurem a importância dos conhecimentos na perda de credibilidade das certezas científicas; que sejam os regeneradores das culturas/identidades perdidas com as desigualdades/diferenças culturais; que gestionem as escolas com economia cada vez mais frugal; que trabalhem coletivamente em escolas com horários cada vez mais fragmentados. Em que pese a importância dessas demandas, não se pode exigir que os professores individualmente considerados façam frente a elas. Espera-se, sim, que coletivamente apontem caminhos institucionais ao seu enfrentamento.

É nesse contexto complexo, contraditório, carregado de conflitos de valor e de interpretações, que se faz necessário ressignificar a identidade do professor. O ensino, atividade característica do professor, é uma prática social complexa, carregada de conflitos de valor e que exige opções éticas e políticas. Ser professor requer saberes e conhecimentos científicos, pedagógicos, educacionais, sensibilidade da experiência, indagação teórica e criatividade para fazer frente às situações únicas, ambíguas, incertas, conflitivas e, por vezes, violentas, das situações de ensino, nos contextos escolares e não escolares. É da natureza da atividade docente proceder à mediação reflexiva e crítica entre as transformações sociais concretas e a formação humana dos alunos, questionando os modos de pensar, sentir, agir e de produzir e distribuir conhecimentos na sociedade.

Problematizando e analisando as situações da prática social de ensinar, o professor incorpora o conhecimento elaborado, das ciências, das artes, da filosofia, da pedagogia e das ciências da educação, como ferramentas para a compreensão e proposição do real.

A Coleção investe, pois, na perspectiva que valoriza a capacidade de decidir dos professores. Assim, discutir os temas que perpassam seu cotidiano nas escolas – projeto pedagógico, autonomia, identidade e profissionalidade dos professores, violência, cultura, religiosidade, a importância do conhecimento e da informação na sociedade contemporânea, a ação coletiva e interdisciplinar, as questões de gênero, o papel do sindicato na formação, entre outros –, articulados aos contextos institucionais, às políticas públicas e confrontados com experiências de outros contextos escolares e com as teorias, é o caminho a que a Coleção **Docência em Formação** se propõe.

Os livros que a compõem apresentam um tratamento teórico-metodológico pautado em três premissas: há uma estreita vinculação entre os conteúdos científicos e os pedagógicos; o conhecimento se produz de forma construtiva e existe uma íntima articulação entre teoria e prática.

Assim, de um lado, impõe-se considerar que a atividade profissional de todo professor possui uma natureza pedagógica, isto é, vincula-se a objetivos educativos de formação humana e a processos metodológicos e organizacionais de transmissão e apropriação de saberes e modos de ação. O trabalho docente está impregnado de intencionalidade, pois visa a formação humana por meio de conteúdos e habilidades de pensamento e ação, implicando escolhas, valores, compromissos éticos. O que significa introduzir objetivos explícitos de natureza conceitual, procedimental e valorativa em relação aos conteúdos da matéria que se ensina; transformar o saber científico ou tecnológico em conteúdos formativos; selecionar e organizar conteúdos de acordo com critérios lógicos e psicológicos em função das características dos alunos e das finalidades do ensino; utilizar métodos e procedimentos de ensino específicos inserindo-se em uma estrutura organizacional em que participa das decisões e das ações coletivas. Por isso, para ensinar, o professor necessita de conhecimentos e práticas que ultrapassem o campo de sua especialidade.

De outro ponto de vista, é preciso levar em conta que todo conteúdo de saber é resultado de um processo de construção de conhecimento. Por isso, dominar conhecimentos não se refere apenas à apropriação de dados objetivos pré-elaborados, produtos prontos do saber acumulado. Mais do que dominar os produtos, interessa que os alunos compreendam que estes são resultantes de um processo de investigação humana. Assim, trabalhar o conhecimento no processo formativo dos alunos significa proceder à mediação entre os significados do saber no mundo atual e aqueles dos contextos nos quais foram produzidos. Significa explicitar os nexos entre a atividade de pesquisa e seus resultados, portanto, instrumentalizar os alunos no próprio processo de pesquisar.

Na formação de professores, os currículos devem configurar a pesquisa como *princípio cognitivo*, investigando com os alunos a realidade escolar, desenvolvendo neles essa atitude investigativa em suas atividades profissionais e assim configurando a pesquisa também como *princípio formativo* na docência.

Além disso, é no âmbito do processo educativo que mais íntima se afirma a relação entre a teoria e a prática. Em sua essência, a educação é uma prática, mas uma prática intrinsecamente intencionalizada pela teoria. Decorre dessa condição a atribuição de um lugar central ao estágio, no processo da formação do professor. Entendendo que o estágio é constituinte de todas as disciplinas percorrendo o processo formativo desde seu início, os livros da Coleção sugerem várias modalidades de articulação direta com as escolas e demais instâncias nas quais os professores atuarão, apresentando formas de estudo, análise e problematização dos saberes nelas praticados. O estágio também pode ser realizado como espaço de projetos interdisciplinares, ampliando a compreensão e o conhecimento da realidade profissional de ensinar. As experiências docentes dos alunos que já atuam no magistério, como também daqueles que participam da formação continuada, devem ser valorizadas como referências importantes para serem discutidas e refletidas nas aulas.

Considerando que a relação entre as instituições formadoras e as escolas pode se constituir em espaço de formação contínua para os professores das escolas assim como para os formadores, os livros sugerem a realização de projetos conjuntos entre ambas. Essa relação com o campo profissional poderá propiciar ao aluno em formação oportunidade para rever e aprimorar sua escolha pelo magistério.

Para subsidiar a formação inicial e continuada dos professores onde quer que se realizem: nos cursos de licenciatura, de pedagogia e de pós-graduação, em universidades, faculdades isoladas, centros universitários e Ensino Médio, a Coleção está estruturada nas seguintes séries:

Educação Infantil: profissionais de creche e pré-escola.

Ensino Fundamental: professores do 1º ao 5º ano e do 6º ao 9º ano.

Ensino Médio: professores do Ensino Médio.

Ensino Superior: professores do Ensino Superior.

Educação Profissional: professores do Ensino Médio e Superior Profissional.

Educação de Jovens e Adultos: professores de jovens e adultos em cursos especiais.

Saberes pedagógicos e formação de professores.

Em síntese, a elaboração dos livros da Coleção pauta-se nas seguintes perspectivas: investir no conceito de *desenvolvimento profissional*, superando a visão dicotômica de formação inicial e de formação continuada; investir em sólida formação teórica nos campos que constituem os saberes da docência; considerar a formação voltada para a profissionalidade docente e para a construção da identidade de professor; tomar a pesquisa como componente essencial da/na formação; considerar a prática social concreta da educação como objeto de reflexão/formação ao longo do processo formativo; assumir a visão de totalidade do processo escolar/educacional em sua inserção no contexto sociocultural; valorizar a docência como atividade intelectual, crítica e reflexiva; considerar a ética como fator fundamental na formação e na atuação docente.

São Paulo, 21 de fevereiro de 2012
Selma Garrido Pimenta
Coordenadora

Prefácio

Este livro foi produzido a partir de uma dissertação de mestrado que enfocou o contato de professores com a produção de desenhos de crianças que frequentavam instituições educativas nas quais aqueles atuavam profissionalmente, em um contexto historicamente delineado pela experiência do Programa ADI-Magistério. Tal programa foi promovido pela Secretaria Municipal de Educação de São Paulo de 2001 a 2004 envolvendo a formação docente, em curso de Magistério em nível médio, de auxiliares de desenvolvimento infantil (ADIs), professoras leigas em Arte que trabalhavam com crianças em creches.

A partir desta pesquisa, buscou-se mostrar como os professores (adultos acostumados à estereotipia das imagens e, portanto, a aceitar essas mesmas representações nas produções infantis) podem construir significados a partir do desenho como linguagem na Educação Infantil em um contexto de formação inicial. Como, nos dizeres de Bosi (1988), pode-se auxiliar os professores para poderem ver depois de olhar.

Ao longo do livro, serão analisados desenhos que existem em sua materialidade gráfica e que podem, assim, apresentar-se ao olhar do professor, inscrevendo--se no campo das coisas que merecem atenção, passíveis de se olhar. Espero elucidar as influências presentes na formação do olhar de professores e crianças, entendendo que sua consciência é fundamental na determinação das orientações para o trabalho com o desenho na Educação Infantil.

INTRODUÇÃO

Introdução

Figura 1 – Desenho feito por Jackson (três anos e seis meses) com caneta hidrográfica e tinta plástica sobre papel-sulfite (2005).

Uma linha vermelha organiza os dois planos do papel, única peça estável na movimentação cor-de-rosa que se vê no centro da folha. O titubeio da haste à esquerda faz pensar que a linha recém-começou ali, no canto esquerdo, à margem da folha: ela sobe, em um esforço disciplinado de retidão, atravessa horizontalmente a parte superior do papel e desce, findando em uma espécie de gancho, sugerindo o abandono da caneta depois da trajetória arduamente governada. Sob essa linha, outra de igual intenção, desta vez amarela, organiza-se paralelamente. À primeira vista, parece que ambas estão no mesmo plano, porque suas pontas se encontram abaixo, mas a força do vermelho parece sobressair com relação à outra, como se estivesse se destacando à frente. Na linha amarela, estão anexadas três figuras retangulares, presas à linha por outros pequenos retângulos sólidos; são peças de roupa fixadas por prendedores coloridos. Apenas uma delas está preenchida internamente. À direita, na linha vermelha, há mais duas figuras. Todas elas se posicionam para cima, como que levadas pelo vento forte, representado ao centro da folha em zigue-zagues horizontais cor-de-rosa cruzados por linhas sinuosas que formam ondas ascendentes. O efeito gráfico é buscado pelo menino para transmitir em imagem a percepção do vento na sua invisibilidade, levando consigo a pipa e as roupas.

Tal desenho foi elaborado por Jackson, uma criança de três anos e seis meses, sob o olhar de sua professora, que acompanhou de perto seu processo de criação. Na creche que frequentava, o menino passou a desenhar diariamente com canetas *hidrocor*, ocasião proporcionada pela professora, que o incentivava, e a toda a sua turma, com papéis e canetas diferentes. Localizamos anteriormente no emaranhado experimental, o que poderia ser o início de um percurso realista.

Relato obtido por ocasião das supervisões ocorridas na sala de aula do Programa ADI-Magistério, formação inicial de educadores de creches do município de São Paulo, em 2004.

Figura 2 – Desenho feito por Jackson (três anos e seis meses) com caneta hidrográfica e tinta plástica sobre papel-sulfite (2005).

Registro de uma grande movimentação. Aqui, Jackson deixa marcar o traçado de um gesto que vai desfilando, ao modo de uma serpentina, em todo o papel. A intensidade das linhas cor-de-rosa e roxas esconde as verde-escuras, que estão por baixo do emaranhado que irrompe no centro. A arqueologia das linhas permite pensar que o desenho teve início no plano verde, ao fundo, porque se pode notar que as demais cores se sobrepõem àquela. Cada linha possui uma vida cíclica: seguindo-as, refazemos seu novelado, até que este simplesmente se interrompe. Uma nova linha começa com outra cor, até que esta também se interrompa, e assim sucessivamente os tons roxo, rosa, verde, cinza, marrom e amarelo vão se apresentando em um papel que pouco a pouco oculta as linhas mais antigas, tornando mais difícil a descoberta de seu ponto de partida.

Não se sabe o que dispara e alimenta essa movimentação. É possível que o olho de Jackson passeie pelas canetas coloridas, todas se constituindo uma novidade para um menino que não teve experiência anterior com esse material. A profusão de cores que impregna as linhas talvez seja a materialização de uma vontade exploratória das tonalidades que ele pouco usa e que agora vibram na ponta das canetas que ele escolhe. Por outro lado, há elementos que também indicam uma experiência para além da exploração, uma organização que explicita certo efeito estético: o verde-claro, que aparece em um vaivém à esquerda, quando composto com as linhas envolventes no limite inferior da folha parece emoldurar o emaranhado colorido, criando uma tensão contrastante com os verdes.

O desenho-emaranhado conclui-se quando Jackson para de riscar e dá sua produção por encerrada. Mas seu percurso de criação não termina aí: no dia seguinte, sua professora lhe oferece um papel com um recorte ao centro, a representação de uma camisa e um calção que ela mesma desenhara, recortara e colara no centro da folha horizontal. Sabe-se que a intenção da professora era incentivar o desenho da figura humana. Uma interferência desse tipo no centro do papel criou um problema gráfico

> Sabe-se que o material mais comum na experiência plástica das crianças de determinada turma, naquela creche, era o giz de cera, nas cores que sempre sobram: verde-escura, roxa e marrom.

que Jackson precisava resolver. Muitas alternativas eram possíveis nesse caso: completar a figura? Como? Ignorá-la? Virar a folha, simplesmente, e seguir riscando? Embora sua motivação não seguisse a expectativa da professora, aquela figura localizada no centro da folha capturou o olhar do menino e ele se ocupou dela, como se a ilustração quisesse ali aparecer e tivesse algo a dizer, em um texto visual que Jackson se desafiou a escrever.

Figura 3 – Desenho feito por Jackson (três anos e seis meses) com caneta hidrográfica e tinta plástica sobre papel-sulfite (2005).

A solução encontrada foi organizar os emaranhados de cores que já apareciam na produção anterior em linhas envolventes que se espalham por um arco bastante amplo, delimitado pelas linhas vermelhas em paralelo, preenchidas com linhas azuis, vermelhas, amarelas e verdes, uma estrutura mais robusta para representar um varal sobre o qual se estendia uma camisa. A peça não fica solitária no varal: Jackson organiza na mesma linha outras peças, dos dois lados, e acrescenta uma figura nova, círculos sobrepostos azuis compondo um nó de onde pende uma rabiola de linhas curtas entrecortando o fio azul. Ele entrega seu resultado à professora, mas, vendo que ela não observa corretamente, ele a corrige, recolocando a folha de papel ao contrário: "É assim, porque o vento está levando a pipa". Jackson não conseguira resolver o problema da representação como sua professora imaginava. Nem como ele intencionava; para a roupa parecer ser levada pelo vento, todo o restante do desenho deveria aparecer de ponta-cabeça. Desenhar a ideia ou a lembrança da ideia é tarefa das mais laboriosas, que exigiu do menino, por exemplo, solucionar a questão: qual deveria ser a direção do vento e como ele interfere no estado das roupas presas no varal?

O problema criado e ainda sem solução convoca-o de volta ao papel, a tal ponto que, no dia seguinte, quando pode ter para si uma folha em branco e as mesmas canetas coloridas, o menino desenha um novo varal e, agora sim, posiciona na mesma direção do vento as insistentes roupas esvoaçantes e uma pipa presa no arame, impedida de seguir voando.

A cena elaborada aqui provém da memória e se apresenta em forma, cor e movimento, em grande parte tingida pela emoção encarnada no desenho do menino. Vemos em seu empenho visual a própria

significação: assim, as linhas movimentadas em cor-
-de-rosa no centro da folha são nomeadas no contexto
de sua imagem como o vento que sopra, um movimento ondulante que se reflete nas ondas dos len-
çóis que dançam no varal. E, para mostrar a força
desse vento, ele aumenta consideravelmente os prendedores, preenchendo-os por completo, como se assim
pudesse dar sustentação, um corpo mais sólido para
aguentar a puxada do vento. Vento forte que interrompe
o voo da pipa e a projeta para o alto, enovelada de linhas
cor-de-rosa como um papel de seda todo amassa-
do, preso no arame do qual não se pode desvenci-
lhar completamente, esquecido ali entre as roupas
do varal.

O que se viu até agora foi a intenção de um
menino colocada no ato da expressão, materializada na linguagem do desenho. E, se é possível no
momento especular sobre essa ideia, é porque ela
foi cifrada no modo como o menino expressou sua
experiência, no olhar e no gesto. A experiência do
leitor que acompanhou o texto até aqui é exemplo
do assunto a ser tratado nesta pesquisa: o encontro de um adulto com o desenho de uma criança.

O ato de olhar para os desenhos infantis é fundamental para os educadores, pois o olhar compreensivo e interessado dos professores é um fator
relevante na construção das condições para desenhar
na Educação Infantil. Vale citar que eles carregam
consigo certa experiência visual, concepções, ideias
e crenças sobre desenho na escola ou na creche.
Todo esse estofo fundamenta suas práticas, ainda

que não tenham plena consciência disso. O modo como expressa seus padrões de gosto, como propõe, recebe e responde aos desenhos pode interferir profundamente no processo de produção infantil. Por isso, acredita-se que investir na formação do olhar é uma necessidade urgente, sobretudo quando se considera a cultura escolar, que tradicionalmente se preocupa mais com o resultado, no caso, com a apresentação estética realista, do que com os processos criativos envolvidos na atividade de desenhar.

Alguns estudos discutem a formação do olhar do adulto para a obra de arte. Mas uma experiência que permite aos educadores a fruição da obra de arte, que promova o acesso aos códigos da linguagem visual de artistas, pode ser simplesmente transposta para o ambiente escolar? Pode servir como referência para a fruição dos desenhos das crianças? O que pode ser transposto dessa experiência e de que maneira? Embora apresente um resultado visual e até estético, a produção infantil não possui proposição artística tal como a obra de arte. Portanto, a leitura desse tipo de produção não pode ser tomada exatamente pelas mesmas balizas, correndo o risco de descaracterizar o que é próprio da produção infantil e esperar dela um resultado adulto.

Como os educadores podem classificar as produções infantis, com suas características singulares, inferindo os códigos visuais que estão em construção pela criança que desenha? Tem-se como hipótese que um mergulho na visualidade dos desenhos de crianças tomados como objetos de estudo, iluminado por alguns conhecimentos teóricos e por informações das condições de produção, possa colaborar para o desvelamento da natureza própria da atividade complexa de desenhar. Espera-se que daí se ergam novos referenciais visuais, constituindo, assim, um contexto mais propício às significações dos professores e à pertinência dos planejamentos, com vistas às aprendizagens infantis.

Posto o problema, cabe, então, perguntar: quais são as condições necessárias para que os professores construam significações sobre os desenhos de crianças? As implicações do tema do olhar para o desenho na Educação Infantil é o assunto tratado na presente obra, organizada em quatro capítulos e na conclusão.

O Capítulo I discute o problema do olhar dos professores e suas implicações para o desenvolvimento gráfico das crianças. Trata-se de questionar de quem é o olhar que vê pelos olhos dos educadores, quais são as concepções de desenho mais presentes entre os professores e as contribuições dos estudos sobre a arte. Também sintetiza algumas ideias de teóricos do desenho infantil em suas investigações.

O Capítulo II traz alguns referenciais para se compreender os processos de criação das crianças no desenho, destacando uma visão de desenho como atividade que envolve pensamento, movimento e linguagem, processo originário de interações sociais.

O Capítulo III apresenta estudos de percursos gráficos que revelam ao leitor os muitos modos de constituição do desenho pelas crianças. Mostra como é possível (ainda que não apoiado por observação de sala de aula e do momento da produção) conhecer parte desse processo a partir do estudo visual da sequência de desenhos de uma criança, de suas marcas construídas ao longo do tempo, em um exercício que mais se assemelha a uma arqueologia das singularidades do que à aplicação de teorias do desenvolvimento como recurso para analisar desenhos infantis.

Por fim, na parte final do livro, são levantadas algumas conclusões sobre os principais referenciais teóricos e elementos constitutivos de uma possível metodologia para o trabalho de formação dos professores leigos em Artes, criando condições para uma experiência que permita a construção mútua de novos olhares para o desenho de crianças.

Capítulo 1

O OLHAR DOS PROFESSORES

O olhar dos professores

De quem é o olhar
Que espreita por meus olhos?
Quando penso que vejo,
Quem continua vendo
Enquanto estou pensando?
(PESSOA, 1965, p. 132)

A pergunta do poeta é sugestiva para este capítulo. Ela traz consigo parte da resposta: no olhar dos professores, há um só sujeito que olha e que pensa quando olha os desenhos das crianças? Quem são os educadores que se voltam para os desenhos das crianças? Seriam profissionais acostumados às representações figurativas? Surpresos diante das explicações intrigantes que as crianças costumam dar para seus desenhos, repletos de sentido? Ou desconcertados diante das perguntas, muitas vezes colocando em xeque as próprias convicções e certezas? Como esses professores olham os desenhos de crianças?

Olhar, em todos os sentidos, é uma das tarefas constituintes dos educadores. Tratando-se de arte e de educação, a palavra em questão pode adquirir um sentido mais abrangente do que a funcionalidade de um órgão do sentido.

Olhar não é apenas dirigir os olhos para perceber o "real" fora de nós. É, tantas vezes, sinônimo de cuidar, zelar, guardar, ações que trazem o outro para a esfera dos cuidados do sujeito: olhar por uma criança, olhar por um trabalho, olhar por um projeto. E, não por acaso, o italiano guardare *e o francês* regarder *se traduzem precisamente por "olhar"* (BOSI, 1988, p. 78).

Assim, o ato de olhar para o desenho das crianças pode significar tomá-lo como um objeto a ser considerado, cuidar para que se desenvolva da melhor maneira, pensar sobre seu conteúdo. Significa, por extensão, pensar sobre os sujeitos desse olhar, ou seja, determinados educadores. Na relação entre o que observam e o que pensam, encerra-se o problema da formação do olhar dos professores.

Para abordar as relações entre o olhar e o pensamento, será abordada primeiramente a constituição do olhar como instrumento do pensamento dos professores. Em seguida, serão enfocados aspectos de algumas metodologias de formação do olhar.

1. Visões sobre o desenho

Para a pedagogia, o olhar dos professores para os desenhos é um tema dos mais importantes, dado o papel fundamental desses profissionais na formação das crianças. O posicionamento dos educadores, implícito nas decisões que tomam no planejamento de seu trabalho, altera as condições de produção da criança, desde a definição de materiais, espaços, meios e proposições que providenciam para a criação, até o modo como lidam com seus resultados. Isso é reforçado, ainda, pelo lugar afetivo que ocupam próximo às crianças, influenciando-as por meio de suas expectativas e de seu retorno, elogioso ou não.

O trabalho de Silva e Sommerhalder (1999) trouxe, à época, conclusões acerca da percepção dos professores de Educação Infantil sobre o desenho da criança que ainda são comumente constatadas em muitas unidades de Educação Infantil. Segundo as autoras, normalmente, as atividades de desenho não são programadas, como nas situações de aprendizagem de Língua Portuguesa ou de Matemática. Estas ocorrem de modo assistemático, nas brechas deixadas entre uma e outra proposta didática ou no tempo livre, que poderia ser destinado tão somente à espera da próxima atividade, até que todos os demais colegas da turma terminem o que estavam fazendo, até que chegue a hora do lanche etc. Fruto do improviso, a escolha dos materiais e dos temas pode ser feita no próprio dia e não necessariamente se relaciona com o que foi proposto no dia anterior ou o que será oferecido nos dias subsequentes.

Há professores que não veem no desenho suas qualidades visuais, mas sim o resultado de um exercício quase terapêutico que se presta a acalmar a agitação das crianças nas horas tensas do dia passado na escola. Nesse caso, resumem os objetivos do desenho à modificação de comportamentos, tratando-o como momento de descontração e relaxamento do grupo. Essa visão justifica a pouca atenção à organização e à adequação dos materiais.

Outros entendem que o desenho é uma tarefa escolar menor em relação à escrita e a outras formas escolares supostamente mais sofisticadas para expressar os conhecimentos aprendidos, atividade a que os pequenos se dedicam para ilustrar as datas comemorativas e demais temas tradicionais, como meios de transporte, formas geométricas etc.

Há, ainda, os que encontram no desenho a expressão mais autêntica da criança, independentemente de sua qualidade plástica ou visual. Esses veem nos desenhos infantis a mais genuína expressão artística, tomando as crianças por pequenos gênios. Tal crença justifica o estímulo acolhedor que os professores consideram necessário para dedicar aos aprendizes. Isso é reforçado por uma crença de que as crianças trazem, espontaneamente, todas as boas qualidades em semente, bastando aos adultos assisti-las sem atrapalhar suas manifestações naturalmente plenas. Nesse caso, não discutem intervenções, nem outro tipo de retorno às crianças senão a aprovação imediata. Com o intuito de respeitar a criação infantil e preservar suas características originais, tais práticas acabam por deixar as crianças limitadas aos seus recursos.

Há, por outro lado, os professores mais diretivos que, ainda que de forma não consciente, valorizam e tendem a orientar a produção infantil para um modelo mais realista: supervalorizam a representação e os desenhos figurativos, propõem desenhos de observação ou releituras que, ao final, resumem-se ao exercício de cópia, entre outras iniciativas cuja principal expectativa consiste em um resultado visual inteligível para o adulto.

Muitas vezes, essas posições são assumidas de modo intuitivo e pouco consciente. Outras vezes, são embasadas na literatura especializada no assunto. Existem tendências que tomam não especialmente o desenho, mas o ensino de Artes como importante foco de investimento pedagógico. Entre os professores, há uma propensão de priorizar a diversidade de suportes e materiais, mas não a continuidade necessária à experimentação. Tal cultura é alimentada por práticas recriadas a partir de inúmeros manuais que procuram informar os educadores sobre os procedimentos das artes plásticas. Amplamente divulgados nas escolas, tais métodos são consumidos pelos professores, ávidos por aprender novas técnicas de artesanato e de reutilização de materiais. Isso não é necessariamente um ponto positivo na formação docente. A busca por novidades, pelo domínio de técnicas e sugestões de atividades artesanais, se, por um lado, acarreta para as crianças a vantagem da ampliação de repertório de materiais, por outro lado, dificulta a apropriação de procedimentos e a invenção de linguagens que necessitam de tempo para novas experimentações para além da exploração imediata, bem como da reorganização de seus conhecimentos, tanto visuais quanto procedimentais. Vê-se nessa tendência, a pretexto da preocupação com o ensino da Arte, o investimento nos produtos com características estéticas, mas não necessariamente com as trajetórias da aprendizagem no campo das artes visuais.

Consideram-se, ainda, outros fatores que concorrem ao olhar dos professores: as próprias representações do sujeito sobre a definição de um bom professor na Educação Infantil e, em especial, o que deve se constituir em um bom trabalho com o desenho infantil em situação escolar.

Tais tendências e concepções nem sempre são problematizadas na formação continuada dos professores. Como muitos desconhecem as aprendizagens em processo na atividade de desenhar, muitas vezes, não se dedicam a observar as crianças desenhando. Em vez disso, procuram utilizar o tempo do desenho para planejar outras propostas, organizar os materiais da sala, preparar fichas e outros materiais a serem utilizados no momento seguinte.

Tratar da formação do olhar dos professores para os desenhos das crianças mostrou-se uma necessidade urgente, sobretudo considerando-se o fato de que não são visíveis para os educadores as aprendizagens infantis no campo do desenho. São raríssimas as oportunidades de os professores estabelecerem algum contato criativo com o desenho em sua trajetória pessoal, sejam como alunos, sejam em sua formação profissional. Muito do que os professores conhecem sobre esse assunto é aprendido rapidamente em sua formação de Magistério que, por muito tempo, sustentou a reprodução de modelos prontos, com temas infantis. Em outros casos, eles aprendem em oficinas ou cursos rápidos oferecidos como atividades optativas dos currículos de Pedagogia ou, o que é mais comum, no próprio meio profissional, que carrega consigo práticas que já se constituíram na tradição escolar de modo pouco crítico e reflexivo.

Faz-se necessário, então, discutir experiências que se propuseram a colocar a formação do olhar dos educadores para os desenhos de crianças como centro de suas ações. Esse é o território desta pesquisa.

Com isso, pode-se observar que o pouco conhecimento sobre a atividade em si e o acaso dos planejamentos têm sido a marca dos momentos de desenhar nas escolas e centros de Educação Infantil. Em todos os casos enumerados até agora, nota-se que o problema do olhar dos professores não está apenas em suas primeiras percepções sobre o desenho, mas sim na ausência de um pensamento intencional, autoconsciente sobre o que constatam nos desenhos e suas implicações nas suas disposições e no planejamento de seu trabalho, que pode ou não melhorar as condições de produção de um grupo de crianças. Por isso, o ato de pensar sobre o próprio olhar deve constar no horizonte dos que se preocupam com a formação de professores.

2. A atividade reflexiva do olhar

A relação entre o olhar e o pensamento é objeto de investigação dos seres humanos há tempos. Para os iluministas, sobretudo Rousseau, na obra *Emílio ou Da Educação* (2004), o funcionamento do olho assemelha-se à peça de uma máquina, uma ferramenta que já vem pronta, constituída na própria natureza e que, entre os homens, passa por um processo de educação mediado pelo corpo: o olho exercita-se na apreensão do real e a mão que desenha o acompanha, até que o gesto seja suficientemente dominado para o registro daquilo que o olho vê. Não há outra mediação senão a dos sentidos. É dada como pressuposto básico a existência de certo mundo real que pode ser tomado como modelo sem nenhuma transformação pelo sujeito.

Embora essa seja uma discussão há tempos contestada, muitos professores ainda se apoiam na ideia de uma percepção purista. Isso ocorre, por exemplo, nas situações de cópia ou de reprodução que costumam propor às crianças; nesses casos, os educadores pedem que elas prestem atenção ao que estão vendo, para que possam desenhar determinado objeto tal como é (acreditando na possibilidade de algo ser o que realmente é universalmente para todos os sujeitos, como os sóis amarelos ao entardecer e as árvores verdes frondosas, temas dos mais recorrentes no repertório visual dos professores).

Tal interpretação da relação entre o olhar e o pensamento foi amplamente discutida e contestada por diversos pensadores. Maurice Merleau-Ponty avança na reflexão sobre as relações entre o olho e o espírito, reflexão atenta à integração desses dois aspectos no que ele chama de corpo operante. O filósofo não desconsidera, ao modo dos idealistas, a existência de um corpo e sua presença no mundo. O olhar em movimento é, antes de tudo, expressão da presença do homem no mundo.

Só se vê o que se olha. Que seria a visão sem nenhum movimento dos olhos, e como esse movimento não confundiria as coisas se ele próprio fosse cego, se não tivesse suas antenas, sua clarividência, se a visão não se antecipasse nele? Todos os meus deslocamentos por princípio figuram num canto de minha paisagem, estão reportados ao mapa do visível. Tudo o que vejo por princípio está ao meu alcance, pelo menos ao alcance do meu olhar, assinalado no mapa do "eu posso". Cada um dos dois mapas é completo. O mundo visível e de meus projetos motores são partes totais do mesmo ser (MERLEAU-PONTY, 2004b, p. 16).

O homem põe-se inteiro no mundo. Para o autor, o olhar não é constituído apenas historicamente, mas sim de entrelaçamentos de outros sentidos pessoais encarnados nos fenômenos singulares, na experiência de comover-se por certo impacto provocado pelo mundo visível. No caso de um pintor, é o mundo que o comove, que marca seu olhar, mundo a ser decifrado que se apresenta entre luzes e sombras.

No caso de um apreciador, como Merleau-Ponty, é a presença da obra que se impõe, levando-o a desvendar o invisível cifrado na pintura, como faz ao penetrar na visualidade das representações de uma montanha tal como Cézanne a concebe, em sobreposições de tons cinza e verdes. De modo semelhante, diante dos desenhos de crianças, alguns professores também sofrem impactos que podem estar ou não velados em suas respostas, atitudes, impressões.

Em seus estudos, Lev Vigotski encontrou uma saída para a clássica divisão corpo e mente sobre a qual a filosofia se debate há séculos. As ideias do autor sobre a formação cultural do homem e a interação social como motor do desenvolvimento colaboram para a compreensão das relações entre a percepção e a linguagem.

Para Vigotski (1996), o desenvolvimento do olhar humano é mediado pela linguagem. É fruto do jogo entre os diferentes planos do desenvolvimento humano, de modo a estabelecer uma relação dialética entre as dimensões biológica e social. Ainda que o olhar esteja determinado pelos planos ontogenético e filogenético, a experiência social é decisiva. O funcionamento do olho como órgão dos sentidos é mediado pela cultura do olhar, que faz o sujeito imergir, a partir da linguagem, nos padrões de percepção constituídos de uma experiência perceptiva organizadora das informações no campo visual. Assim, pode-se aceitar, por exemplo, que um esquimó veja inúmeras nuanças de branco que não foram nomeadas no repertório dos moradores dos países tropicais.

Mas é no plano da microgênese que ocorre o aperfeiçoamento desse olhar que permite ao homem uma apropriação singular do mundo, um modo peculiar de significar cujas origens são indetermináveis. No uso humano, o olho, ferramenta orgânica, constitui-se como olhar, alterado pela linguagem. O olho como aparelho humano não é instrumento, mas sim a própria linguagem do sujeito que o opera. Daí podermos pensar, no caso dos professores, como seu pensamento pode modificar seu olhar e ser modificado por ele, continuamente, enquanto olham e pensam.

Assim, a partir de Vigotski, pode-se conceber o olhar dos educadores para os desenhos das crianças como uma complexa operação do pensamento em relação à linguagem, que não apenas influencia o que eles pensam sobre o desenho infantil, mas, sobretudo, como constroem o próprio modo de olhar. As ideias e as concepções dos professores funcionam como ferramentas semióticas fundamentais na compreensão do que veem no desenho infantil, permitindo enxergar e valorizar alguns aspectos do desenho de acordo com o espectro que tais ideias podem alcançar. Por isso, são fundamentais para os professores as experiências que lhes permitem produzir linguagem diante do que observam nas produções infantis.

Pode-se concluir que o olhar não é passivo à percepção do mundo. Ao contrário, ao ativar seu olhar, o sujeito mostra-se também expressivo. Esse ato, no entanto, pode resultar em significações distintas de acordo com a intenção do sujeito. Diz Bosi (1988, p. 66): "[...] Há um ver por ver, sem o ato intencional de olhar; e há um ver como resultado obtido a partir de um olhar ativo. [...] Ver por ver não é ver depois de olhar."

Os professores que sabem ver depois de olhar possuem mais recursos para cuidar das condições de produção das crianças. Para fazer uma boa leitura dos produtos da criação infantil, os educadores devem conhecer o que está em jogo nas singularidades dos percursos criativos das crianças, tanto do ponto de vista das possibilidades (da faixa etária e da experiência social) quanto do pensamento em processo. E isso certamente inclui reconhecer nos desenhos o que as próprias crianças veem e pensam.

Tendo reconhecido que o olhar não é ingênuo, que por trás dele há um sujeito pensante e reflexivo, o próximo passo é a abordagem de como é possível criar um contexto em que os professores construam significações no exercício do olhar para o desenho infantil.

3. Ideias sobre como estudar o desenho de crianças

Tanto para um professor em formação quanto para um profissional já em exercício, o contato sistemático com o desenho de crianças é uma condição para compreenderem os processos complexos que envolvem a atividade criativa infantil, desde os rabiscos iniciais. De que modo é possível pensar esse contato? Reconhecer os percursos criativos das crianças e refletir sobre as condições de mediação parecem ser os primeiros passos.

3.1. O estudo de percursos criativos

A definição do modo como se vê está internamente relacionada ao que se vê. Isso pode ser verificado a partir das contribuições teóricas consideradas no presente livro, a começar por Georges-Henri Luquet. Este estudioso toma como referência o desenho como um jogo que possui determinada finalidade.

Tal definição delimita os objetos tomados em seu estudo. Em sua obra *O desenho infantil*, Luquet (1969) não enfoca as propostas geradas pela tradição escolar, como os desenhos prontos para serem coloridos, aqueles utilizados como estratégias de aprendizado ou os definidos por outras finalidades, como ilustrar lições ou outros trabalhos escolares. O autor não pretende discutir se tais propostas são possíveis e até pertinentes como proposições pedagógicas auxiliares na construção do conhecimento infantil. Importa assumir que os exemplos não se confundem com o desenho como atividade em si, mesmo quando a criança desenha algo determinado. Assim, os desenhos tomados pelo autor têm origem no que poderia ser considerado como "intenções internas" das crianças, influenciadas ou não por fatores externos.

Seu objeto predominante é o desenho na sua permanência gráfica, composto por um conjunto de características próprias: é um sistema de linhas cujo conjunto possui uma forma. É justamente porque o desenho existe como matéria que ele pode ser visto, descrito e analisado, como faz o autor ao longo de sua obra.

As observações de Luquet (1969) confirmam que as crianças desenvolvem ideias e pensamentos no campo da visualidade, perseguindo-os por muito tempo. Não é possível reconhecer o percurso criativo delas observando-se somente resultados em produções isoladas, pois as crianças se permitem uma grande variância de temas, de movimento, de uso da cor etc. Seus processos internos estão em constante movimentação e, por isso, também suas produções. Mas é possível observar a importância de determinados elementos gráficos considerando o lugar que tais elementos ocupam na série de desenhos sucessivos de uma criança, ou em desenhos de um mesmo motivo. O acompanhamento por determinado período de percursos de desenho permite o encontro de regularidades.

As concepções explicitadas por Luquet (1969) desde o início da obra justificam a validade interna de sua escolha metodológica: como o desenho é visto como um jogo solitário da criança, não há preocupação em observá-la senão quando entretida consigo mesma em sua atividade gráfica. Uma vez que o desenho é visto como uma atividade que não se circunscreve aos limites da vida escolar, suas observações podem abarcar crianças desenhando em qualquer situação, em diversas culturas. Esses dados são descrições dos desenhos e dos processos de elaboração, do contexto e das explicações das crianças nas diferentes situações observadas. Os relatos e exemplos do autor mostram sempre uma criança ativa, enfrentando problemas gráficos e psíquicos e procurando resolvê-los ao longo do tempo, envolvidas com seu fazer que, embora divertido, é sempre levado a sério.

Luquet (1969) observa os desenhos e as interpretações das crianças em momentos pontuais e nas séries de desenhos de uma mesma criança. Sua metodologia parece coerente com a própria natureza temporal da atividade gráfica. De um a outro desenho, há um tempo que se passa desde o instante em que ela vê o lápis e o papel, posiciona-se para desenhar, imprime suas marcas dando sequência às linhas, continuidade e ruptura, cisão e entrelaçamentos etc. Esse instante é vivido pelas crianças como momento de escolhas (da cor, da espessura do material riscante, do lado do papel em que vai desenhar etc.), de descobertas, de verificações, de tentativas que, embora se deem em momentos precisos, persistem ao longo do tempo movimentadas por processos psíquicos de conservação da intenção, de tipos e modelos, atravessados pela memória e pela percepção.

À parte as críticas que possam surgir em relação à extensão de suas generalizações e à recusa da experiência escolar, dando outro contorno à atividade de desenhar (como discutem as linhas de pesquisa sócio-histórica posteriormente discutidas), merece destaque no trabalho de Luquet (1969) o uso do acompanhamento da série de desenhos de uma mesma criança na busca de marcas da evolutiva gráfica. Para o autor, é importante conhecer os processos de criação infantil considerando, não apenas as verbalizações das crianças, mas, sobretudo, a materialidade gráfica que resiste à passagem do tempo, deixando suas marcas na série de desenhos.

Para Florence de Mèredieu (1979, p. 19), o acompanhamento dos percursos do desenho, e não de um exemplar isoladamente, é imprescindível para a compreensão do pensamento e da expressão infantis.

> *A interpretação de um desenho – isolado do contexto em que foi elaborado e da série dos outros desenhos*

entre os quais se inscreve – é, portanto, nula. Ocorre com o desenho o mesmo que com a imagem cinematográfica, que recebe seu sentido das imagens que a precedem e a seguem: determinado pormenor só se torna pertinente retrospectivamente, pela repetição do mesmo tema ou redundância formal. Nesse caso, é toda a dinâmica do sistema de signos que deve ser considerada. A casa torna-se corpo, rosto, a chaminé nariz, fálus. O signo se enriquece, torna-se outro sem todavia perder suas significações anteriores. Daí uma verdadeira espessura do signo, que só é legível na série completa de suas transformações e acréscimos.

Mas, se por um lado, pode-se afirmar que os modos como Luquet e Mèredieu observam os desenhos infantis é coerente com suas definições iniciais, por outro lado, é difícil negar a relevância das conclusões de Silvia Maria Cintra da Silva (2002), a partir de Vigotski, desvelando uma nova face do desenho. Aqui, vale citar que o ato de desenhar não é fruto apenas de uma atividade isolada, individual e íntima da criança, como pensava Luquet, mas sim de uma construção sócio-histórica na qual a interação tem papel preponderante. Faz-se necessário ampliar o espectro da pesquisa e tomar como objeto algo que está além de um resultado visual. Essa é a atitude epistemológica assumida no trabalho de Silva (2002) sobre a constituição social do desenho.

A referida autora tomou como objeto encontros entre crianças, mostrando a participação do outro no processo gráfico, além de considerar todo o enquadramento sócio-histórico da instituição educativa, uma pré-escola filantrópica.

O OLHAR DOS PROFESSORES

Em mais de uma situação, Silva (2002) desvelou a importância das interações se sobrepondo à atividade de grafar para a criança. A premissa de que o desenho é constituído socialmente e que o outro possui um papel preponderante na atividade de desenhar revela o papel fundamental dos professores como sujeitos da interação. Por isso, também está presente no olhar do pesquisador a atuação dos educadores envolvidos em diferentes atitudes, de entusiasmo com a atividade infantil ou de insatisfação, evidenciando sua expectativa para com a completude da perfeição realista.

Silva (2002) relata o ambiente restritivo criado por alguns educadores ao isolar as crianças de outros materiais, como brinquedos, na hora de desenhar, como se as demais atividades não pudessem compor com o desenho. O controle de todas as movimentações e a exigência de silêncio revelam o modo como esses professores compreendem o modo de "ensinar a desenhar", como parte do conteúdo da pré-escola, restringindo-o ao treino motor e desconsiderando o potencial da atividade de grafar como promotora de desenvolvimento global, cognitivo, afetivo e social.

A partir de Vigotski, Silva assume o papel central da linguagem no funcionamento psicológico infantil. No entanto, suas observações revelaram que, ao longo do tempo dedicado ao desenho, houve poucos momentos em que as crianças desenvolveram narrações. É possível que isso tenha ocorrido pela própria intervenção dos educadores, que

51

comumente perguntam às crianças o que estão desenhando, sem saber que tais questionamentos pedem como respostas a nomeação, não a narração. A autora levanta como possibilidade de mudança da linguagem narrativa da criança a mudança de posição dos educadores que, em vez de solicitar que as crianças nomeiem seus desenhos, pedem que elas que contem o que desenharam.

Mas aqui surge um problema para a formação: um educador cuja expectativa consiste no desenho representativo como fim de um percurso dificilmente poderia fazer pergunta diferente. Em seu horizonte, está o desenho pronto, acabado, sinal de avanço. Trata-se de um olhar que não nota as muitas outras aprendizagens gráficas das crianças que não avançam em linha reta, mas ampliando-se horizontalmente em tantas novas possibilidades de expressão elaboradas traço a traço, enquanto a criança desenha. Tampouco nota que as crianças nem sempre estão representando algo, mas sim experimentando os materiais, os modos de riscar a folha, o resultado obtido quando se coloca mais ou menos força sobre o giz, entre outras explorações apontadas na pesquisa.

Como seria possível alterar esse quadro em favor das crianças? A partir da pesquisa de Silva (2002), é possível concluir que a interação nem sempre é positiva para o processo de desenvolvimento gráfico infantil e, se os problemas são gerados nessa esfera social, no encontro entre crianças e professores, é também aí que deveriam ser construídas soluções, como sugere a própria autora.

O OLHAR DOS PROFESSORES

No entanto, é importante considerar que as atitudes dos educadores não são apenas respostas momentâneas ao que as crianças solicitam, nem reações ao modo como se comportam no momento que desenham, mas sim posicionamentos histórica e socialmente construídos. Na constituição do olhar dos professores para os desenhos das crianças, competem informações diversas: o que eles compreendem como o processo de ensinar na Educação Infantil; o valor que atribuem ao desenho como atividade da criança, promotora de aprendizagem e, portanto, de desenvolvimento; o significado da representação, determinada não pelo que a criança vê, mas pelo que compreende do que vê.

3.2. Os professores como *fruidores* de desenhos de crianças

Como as pesquisas sobre o desenho infantil (partindo da sua materialidade visual, como fazem Luquet e Mèredieu, ou das condições sociais de sua constituição, como pensa Silva) podem colaborar para a construção de um novo olhar dos professores?

A discussão sobre o modo como os autores tomaram o desenho em suas pesquisas pode contribuir para a formação do olhar dos professores para esses desenhos? É possível; no entanto, isso não se transpõe inteiramente do campo da pesquisa para o campo das práticas: não se pretende ensinar os professores da Educação Infantil a pesquisar os desenhos das crianças de seus grupos como investigadores científicos, mas sim como educadores com a responsabilidade de propiciar a todas as crianças as condições necessárias para suas aprendizagens. Para cumprir seu papel, os educadores precisam, em primeiro lugar, ser *fruidores* dos desenhos das crianças de seus grupos, pois, como já se viu, o olhar dos professores tem papel definidor no modo como eles criam oportunidades para desenhar e como acolhem os processos e os produtos das crianças.

Vale ressaltar que uma formação que permita a construção de outro olhar e de diferentes posicionamentos dos professores deve criar um contexto para a elaboração de conhecimentos sobre os processos de criação infantil. Nesse contexto, não se deve desprezar o aspecto visual, ou seja, a materialidade gráfica do desenho infantil, como um sistema de linhas cujo conjunto possui uma forma que revela vestígios de uma atividade que envolve operações do pensamento infantil, como pensaram Luquet e, mais explicitamente em defesa das singularidades expressivas, Mèredieu. Além disso, com base em Silva (2002), esse contexto de formação deve voltar-se também para a esfera social, desde as interações até as condições materiais de realização do desenho. Esse é um princípio que pode ser transferido também para a organização da proposta de formação, de onde se infere a necessidade de criação de ambientes para as interações de crianças e seus professores, e dos professores e seus formadores.

A partir dessas reflexões, pode-se assumir que o problema surgido para a formação no contexto descrito é de mediação entre os desenhos de crianças e o olhar de seus professores.

O desenho infantil guarda mistérios. O encontro do olhar dos professores leigos com o desenho infantil não se faz espontaneamente, sobretudo quando se trata de observar aquilo que escapa à representação e à figura, esquemas mais confortáveis porque são conhecidos dos professores. O desenho das crianças tem em comum com a arte o fato de se fazer visível por meio de códigos visuais complexos, não inteiramente acessíveis aos educadores. Então, entre o desenho e os professores, haverá não raramente a necessidade de mediação, e talvez essa seja uma das tarefas da formação de professores da Educação Infantil.

Nessa direção, os estudos aqui levantados permitem refletir sobre os processos de mediação, conhecimento útil à construção de uma metodologia do olhar dos professores para os desenhos infantis.

3.3. A mediação para a formação do olhar

Conhecer o desenho como elemento da cultura foi importante para os auxiliares de desenvolvimento infantil (ADIs) em formação no programa ADI-Magistério, cujo contexto originou as reflexões deste livro. A participação nas visitas monitoradas a museus e a demais espaços expositivos da cidade de São Paulo foi necessária para a ampliação de seu repertório, para a construção de outra concepção sobre o desenho e, de maneira geral, a própria arte, suas possibilidades e seu papel no mundo. No entanto, acredita-se que, para uma transposição desses conhecimentos para a prática educativa, faz-se necessária uma reflexão sobre o olhar para tais exposições. Isso pode ser atingido plenamente por meio do trabalho de alguns monitores que cumprem o papel de mediadores de arte, mas infelizmente tal formação ainda não é algo constante em todos os setores educativos dos museus. Quando isso não é problematizado, os educadores saem de uma visita com um repertório de imagens mais amplo, mas, muitas vezes, continuam utilizando em seu trabalho com as crianças o mesmo instrumento, um mesmo olhar com o qual chegaram à exposição. Por esse motivo, defende-se aqui que o trabalho de mediação seja parte não apenas da experiência pessoal do professor, mas também do fator profissional.

Estudos empreendidos pela pesquisadora Miriam Celeste Martins em seu grupo de estudos sobre mediação arte/público no Instituto de Artes da Universidade Estadual Paulista (Unesp) discutiram experiências de mediação compartilhando a pesquisa sobre as possibilidades e limites na formação de *fruidores*/leitores dos signos artísticos. Tais estudos avançam para uma nova linha de investigação fundamentada na ideia de mediação arte/público. Vale ressaltar que esse é um tema essencial a esta obra, na medida em que fundamenta a necessidade da mediação e aponta caminhos para a formação de certo olhar.

Tive acesso a esses estudos como aluna especial do curso de pós-graduação em Arte-Educação do Instituto de Artes da Universidade Estadual Paulista (Unesp). Além das anotações de aula, estudei o assunto a partir de uma publicação interna dos alunos dos anos anteriores desse curso, resultado de suas pesquisas, cujo título é *Mediação arte/público: compartilhando um exercício de pesquisa* (trabalho coletivo resultante da disciplina *Mediação Arte/Público*: possibilidades e limites na formação de *fruidores*/leitores dos signos artísticos, dada a público no segundo semestre de 2001 e revista em 2005).

As modalidades de mediação têm como principal objetivo o acesso do sujeito que não é conhecedor de arte, mas pode ser um *fruidor* de arte, aos códigos de uma obra. A necessidade de mediação justifica-se pela natureza do objeto em questão, a arte. Existem os códigos fechados, sobre os quais não se discutem possíveis interpretações, e os códigos abertos, passíveis de diferentes apropriações. Os códigos artísticos sempre são abertos, propiciando a realização de muitas leituras. Todas as manifestações artísticas, das mais figurativas às expressões contemporâneas que não incluem nem mesmo o conceito de obra, são cifradas. O público em geral, que não transita em meio às linguagens artísticas, pode-se relacionar com o que vê independentemente da sua formação, das informações que possui ou de seu nível de reflexão. Diante do que vê, pode, no mínimo, exercer um juízo estético e acumular experiências para organizar o que gosta e o que não gosta naquilo que vê.

Determinado tipo de manifestação artística não precisa ser explicada, compreendida, mas apenas sentida como "impressão", vivida como experiência, confundida com a própria vida. Esse é o caso da arte sacra, por exemplo, cujo objetivo é religar o homem ao divino. Para esse tipo de arte, talvez não seja necessária nenhuma mediação, posto que a própria obra em seu contexto original como uma catedral, por exemplo, deveria falar por si diretamente ao coração dos homens.

No caso da arte contemporânea, em especial a arte conceitual, isso não ocorre, mesmo porque, em muitos casos, a obra nem existe, é pura relação. Ela não lida apenas com as questões da estética e do gosto, uma fórmula apenas retiniana; nesse caso, observa-se um afastamento maior do público com relação às proposições artísticas, muitas vezes restringindo seu relacionamento com a arte. Não raramente o sujeito vê-se diante de invenções, de conceitos para os quais não possui registros, informações, esquemas assimilativos, o que pode sinalizar a necessidade da atuação de um mediador que contribua para a aproximação do público aos códigos que permitem o acesso a determinado trabalho artístico. O grande desafio é manter-se dentro da linguagem, evitando uma descaracterização do objeto, resultante da *didatização* da arte.

A reflexão sobre os processos de mediação é tomada por Anamelia Bueno Buoro (1998) em sua obra *O olhar em construção,* ao refletir sobre a metodologia do ensino na visão de Robert Ott, Edmund Feldman e Fayga Ostrower. Segundo Buoro, a proposta de Ott é centrada na experiência estética de museus e escolas, organizando-se em torno da observação, análise, imaginação, criatividade e expressão, com o intuito de ensinar fazendo uso do objeto de arte. Para Ott, haveria cinco estágios de apreciação da imagem:

1) O observador é levado a apenas descrever formalmente o que vê.

2) Ele é convidado a analisar o que vê do ponto de vista da composição, de como foi construído tal objeto, destacando os elementos e a estrutura da linguagem plástica.

O OLHAR DOS PROFESSORES

3) O observador avança para a interpretação.

4) Suas análises e suas interpretações são embasadas a partir de novas informações sobre o objeto de arte (contextos de produção, autoria etc.).

5) O espectador pode revelar tudo o que aprendeu no contato com o objeto e com a própria experiência de um olhar mais apurado a cada momento, para então transpor seus conhecimentos e suas ideias nas diferentes linguagens artísticas, expressando-se de modo cultivado.

Buoro (1998) realizou alguns ajustes na metodologia proposta por Ott para responder a uma dificuldade dos alunos de Ensino Fundamental em fazer a descrição formal puramente (sem deixar sua leitura ser tomada pela narração), exigindo dos professores intervenções especialmente voltadas para o desenvolvimento dessa capacidade.

Além de Ott, Buoro (1998, p. 50) também comenta a contribuição de Edmund Feldman, cuja metodologia propõe formar um olhar crítico dos professores que, em sua visão, são críticos de arte em potencial.

> *Segundo ele, o professor é um crítico virtual, não apenas quando fala ao aluno sobre uma obra de arte, mas também quando fala do próprio trabalho do aluno. Tal procedimento acaba criando na mente do observador padrões sobre as obras estudadas ou sobre os trabalhos realizados. Qualquer aluno é também um crítico em potencial, pois mesmo o "leigo" tem padrões de julgamento fundamentados nos conceitos que, consciente ou inconscientemente, possui.*

Maria Helena Wagner Rossi (2006) também estuda a mediação, mas não faz menção específica aos professores. Em seu texto "A compreensão do desenvolvimento estético", a autora apresenta a classificação de Abigail Housen para os estágios de compreensão estética. A partir de um estudo envolvendo duzentos sujeitos, Housen encontrou a existência de cinco tipos de leitores que, juntos, comporiam uma trajetória de desenvolvimento estético. Para ela, a habilidade de leitura segue um processo evolutivo que depende das habilidades acumuladas na experiência do observador: partindo de uma experiência egocêntrica e ingênua, evolui até interagir com o conhecimento estético. Os níveis de leitura são:

1. **Descrição**: nível em que o observador quer saber: "O que é isso?" Para responder a essa questão, ele caracteriza as figuras e as formas como se estivessem em movimento, sendo ele mesmo o narrador. No primeiro nível, que é o mais elementar, o espectador aponta elementos de determinada obra e os absorve em suas narrativas, relembrando a própria experiência e, muitas vezes, enveredando-se por ela e escapando do próprio tema da obra observada.

2. **Construção**: nível em que o observador quer saber: "Como isso é feito?" Nesse estágio, ele passa a se interessar pelas qualidades formais da obra, sua estrutura, seus padrões, os valores ocultos, as técnicas empregadas pelo artista e a habilidade que tanto chama sua atenção.

O OLHAR DOS PROFESSORES

3. **Classificação**: nível mais sofisticado, que caracteriza o olhar diagnóstico, procurando responder às questões do tipo: "Quem?" e "Por quê?". Para isso, organiza informações provenientes da própria imagem e da História da Arte.

4. **Interpretação**: nível mais individual, em que o observador, ao responder à pergunta: "Quando?", pode ler se estiver fundamentado nas informações provenientes da imagem, da intuição e da memória.

5. **Recriação**: o último e mais sofisticado nível, em que o observador evidencia sua capacidade de refletir ao mesmo tempo sobre o objeto de arte, sobre si e sua experiência estética, lendo as imagens em muitos níveis (HOUSEN, 1983).

Na interpretação de Rossi (2006), o trabalho de Housen é relevante para o tema: embora tenha sido contextualizada na apreciação artística, tal formulação sinaliza para os professores de Educação Infantil um caminho para a formação estética das crianças, desde os primeiros anos na escola. A pesquisa também desvenda conteúdos propriamente estéticos, pouco familiares no âmbito da formação.

De acordo com Rossi (2006), Housen está preocupada com o processo de leitura da obra; portanto, centra-se mais no pensamento e na expressão do outro e não no conteúdo do texto visual que pretende mediar. Os resultados de sua pesquisa, portanto, não podem ser transpostos como uma metodologia imediatamente aplicável. Já Ott e Feldman, segundo Buoro (1998), preocupam-se com a mediação propriamente dita, elaborando complexas metodologias: enquanto um centra seu trabalho em uma só obra, o outro propõe relações entre diferentes obras.

Enquanto o referencial de Housen apresentado por Rossi (2006) busca compreender como se dá a construção da habilidade de leitura de imagens artísticas, Sandra Regina Ramalho e Oliveira (2006) reflete sobre como se ensina a decifrar uma imagem, propondo um referencial mínimo para ler as imagens artísticas e demais imagens estéticas de nosso cotidiano. Tal roteiro incluiria:

1. Escaneamento visual, movimento em busca dos elementos da composição da imagem.
2. Desconstrução, movimento de elaboração de esquemas visuais.
3. Redefinição dos elementos da composição.
4. Estudo sobre procedimentos.
5. Reconstrução do sentido a partir das descobertas sobre os procedimentos.
6. Trânsito entre os elementos da composição, os procedimentos, as relações entre as partes, o esquema visual e a imagem.
7. Dados de identificação da imagem.

Chama a atenção o fato de que a maioria dos autores trata a mediação prioritariamente nos museus ou nas instituições culturais que abrigam exposições de arte. Mas o desenvolvimento estético não está condicionado apenas às manifestações consagradas pelos espaços museológicos. Embora a formação estética apoie-se nos elementos construídos a partir da compreensão das imagens artísticas, há também conhecimento estético nos textos visuais que não são consagrados e, muitas vezes, não ocupam espaço nos museus. Incluem-se aqui os desenhos, as pinturas e as demais produções de crianças.

Vale citar que, embora, muitas vezes, a criança esteja resolvendo problemas da representação do real (mas não só isso) e lidando com elementos do mundo sensível; embora formule critérios estéticos e de gosto pessoais, mesmo assim não se pode compará-la aos artistas, posto que estes procuram resolver os problemas não apenas de dentro do próprio fazer e da observação imediata, mas sim em um *continuum* histórico. Os modos de interpretar e as construções visuais que traduzem os mistérios do mundo, ou que inventam o que até então não existia, que colocam novos problemas para pensar, são construídos historicamente a partir do diálogo com muitas outras referências da história da arte, entrelaçando elementos que ainda não estão presentes nas experiências infantis.

No entanto, afirmar que a produção da criança não é artística não a desmerece, pois a sensibilidade continua sendo uma possibilidade de conhecer o mundo, de elaborar a experiência, de interferir em sua realidade envolvendo operações complexas que resultam na modificação do meio e dos próprios sujeitos. Por esse motivo, como atividade estritamente humana, a criação deve fazer parte da formação das crianças e também dos professores.

Fica como desafio para a formação a sistematização de modos de fortalecer a mediação dos professores e os desenhos de crianças. O próximo capítulo apresentará alguns referenciais que, quando bem contextualizados na experiência dos educadores, podem contribuir para a expansão do olhar reflexivo e o nascimento de bons *fruidores* de desenhos infantis.

Capítulo II

REFERÊNCIAS PARA OLHAR O DESENHO DE CRIANÇAS

Referências para olhar o desenho de crianças

No capítulo anterior, apresentou-se o problema da formação do olhar dos professores para o desenho infantil. Também foram expostas algumas metodologias de mediação que poderiam inspirar a construção de um modelo adequado à formação dos professores de Educação Infantil.
No presente capítulo, serão apresentadas algumas referências que colaboram para a compreensão do desenho de crianças. Para o presente estudo (tal como para o trabalho dos profissionais da Educação Infantil), a apresentação das concepções de desenho é fundamental, pois estas concorrem para a construção de uma representação sobre o que se define como uma boa produção infantil, bem como sobre o papel dos professores e sua avaliação.

Vale citar que algumas referências fundamentaram a organização do material didático de apoio à formação em um programa de formação de educadores, contexto das práticas e da pesquisa que geraram este livro.

1. As contribuições da história do desenho e da arte

Para a grande maioria dos professores, o desenho ainda é visto em seus padrões renascentistas. É a busca da figuração que chama a atenção para o olhar, o elogio da perspectiva, da destreza e da habilidade de quem elabora formas próximas da perfeição da cópia da natureza, as relações de equilíbrio, o gosto por certo padrão de cores, entendido como "bem colorido". No entanto, esse enquadramento do olhar nem sempre é suficiente para compreender outras formas do desenho que não as representativas, a narrativa gráfica ou a figuração. Para desenvolver novas possibilidades de olhar, é necessário trazer para o horizonte dos educadores os objetos em sua complexidade.

Além do representação gráfica observada nas expressões da escultura, da gravura, da pintura etc., há também manifestações do desenho que não necessariamente resultam em obra acabada. No caso da arte contemporânea, que rompe com a ideia de obra, isso é ainda mais contundente.

Embora haja diversas práticas culturais do desenho, nem todas pressupõem um enquadramento. Em seu texto "Desenhos da criação", Cecilia Almeida Salles (2007, p. 35) chama a atenção para o desenho visto como processo, estudos gráficos encarnados posteriormente em outros suportes. Olhar para esse tipo de técnica, por exemplo, exige outros instrumentos, inclusive conceituais.

> *É importante destacar que o desenho, como reflexão visual, não está limitado à imagem figurativa, mas abarca formas de representação visual de um pensamento, isto é, estamos falando de diagramas, em termos bastante amplos, como desenhos de um pensamento, uma concepção visual ou um pensamento esboçado. Não é um mapa do que foi encontrado, mas um mapa confeccionado para encontrar alguma coisa. E os encontros, normalmente, acontecem em meio a buscas intensas. Os desenhos, desse modo, são formas de visualização de uma possível organização de ideias, pois*

*guardam conexões, como, por exemplo, hierarquizações,
subordinações, coordenações, deslocamentos, oposições e
ações mútuas.*

No caso das crianças, muitas vezes, seus desenhos
não são obras prontas, nem estão submetidos à exposição do observador. Muitos deles são esporádicos,
momentâneos. Outras vezes, são projetos que ocupam
a mente e a atenção da criança por dias, verdadeiras
experimentações gráficas que não necessariamente
foram criadas para a exibição pública. Vale citar que
os desenhos produzidos nos Centros de Educação
Infantil (CEIs) não são feitos exclusivamente para
enfeitar, para ilustrar, para evidenciar a compreensão
de um conceito. Na Educação Infantil, assume-se a
ideia do desenho em si e a atividade de desenhar cir-
cunscrita a seu principal objetivo, que é justamente
aprender a desenhar. A atividade justifica-se pelo papel
desempenhado na formação da criança, como se verá
ao longo deste capítulo.

Alguns autores buscam na própria arte referências
para a compreensão do desenho infantil. Entre eles,
vale citar Ana Mae Barbosa (1978), cujo trabalho permitiu a elaboração de um panorama do campo de
estudos a partir da perspectiva histórica. Embora a
autora não tenha se especializado em história do ensino do desenho na Educação Infantil, sua pesquisa traz
referências para o entendimento da origem de concepções sobre o ensino dessa linguagem que permanecem até hoje no discurso de muitos professores
sobre a prática educativa. A autora relata como se deu
a entrada do ensino de Desenho no currículo escolar

brasileiro, fortemente inspirado na Pedagogia neoclássica, e as mudanças sofridas ao longo da história, atendendo a diferentes demandas (as quais nem sempre estiveram a serviço da arte, propriamente). Assim se explica a entrada do desenho geométrico ou do desenho técnico, por exemplo, além do uso de desenhos prontos dos mais diversos temas, a prática de observação do real, das formas geométricas e de outros modelos utilizados como recursos para o exercício da cópia, propostas que deixaram seus resíduos nas práticas educativas que ainda vemos nos dias atuais.

A leitura de Barbosa (1978) possibilita que os professores conheçam a origem de muitas das práticas educativas, sobretudo as referentes à escola de Educação Infantil, como os desenhos prontos e os tomados para cópia. Tais práticas não constituíam presença maciça nas creches de São Paulo antes de sua inclusão na área de Educação, pois o desenho não era visto muito além de sua possibilidade lúdica, do entretenimento e do relaxamento. Mas, com a aproximação dos Centros de Educação Infantil às instituições escolares de Educação Infantil (que ocorreu a partir de 2003), tais práticas ganharam destaque no ideal pedagógico a que as creches almejavam alcançar para serem reconhecidas como instituições educativas. Além disso, professoras das escolas municipais de Educação Infantil podiam optar por trabalhar nos CEIs da rede direta, introduzindo nessas instituições algumas das práticas já consolidadas na tradição escolar dos pequenos, principalmente os desenhos mimeografados de datas comemorativas e outros modelos para as crianças aprenderem a pintar.

Apesar de defasadas, tais práticas (e muitas outras) ainda encontram muitos adeptos que as sustentam em suas concepções de ensino e de aprendizagem, ainda que de forma não consciente. Portanto, é necessário conhecer as diversas concepções nas quais se ancoram determinadas práticas para, então, compreender o que pode ser explicitado e discutido com os professores com relação a suas crenças e concepções.

Iavelberg (1993) detém-se a examinar como a concepção construtivista ecoa no ensino de artes influenciando a produção de desenho pelas crianças. A partir de sua história, faz um estudo comparativo analisando as concepções de desenho desde a escola tradicional até as discussões contemporâneas, passando pelo debate de ideias acerca dessa arte como imitação e como expressividade, e a influência *escolanovista* na construção de novas abordagens do desenho. A autora contextualiza as grandes mudanças de concepção para localizar a necessidade da investigação sobre o desenho cultivado.

A principal contribuição da autora está no destaque dado ao papel da cultura na produção de desenhos pela criança. Iavelberg (1993) opõe-se aos autores espontaneístas, defendendo a ideia de desenho cultivado, fruto de um longo percurso expressivo da criança, que não deve ficar restrita apenas aos próprios recursos, desenhando sempre espontaneamente, mas também produzir a partir de propostas de seus professores, alimentando-se visualmente das reproduções de boa qualidade de obras de arte. Muitas das ideias de Iavelberg contribuíram para discussões sobre o ensino de Arte, sendo sistematizadas, anos depois, em documentos curriculares que embasam hoje o currículo de Arte nas escolas de Ensino Fundamental. De suas obras *Para gostar de aprender arte* (1997) e *O desenho cultivado da criança: práticas e formação de educadores* (2006), vale destacar a concepção de que os desenhistas possuem ideias e teorias próprias sobre o desenho, as quais regem seu modo de desenhar e interpretar, além do papel fundamental da intervenção no desenho infantil.

A arte-educadora e artista Edith Derdyk também considera os referenciais do desenho como expressão cultural na interpretação dos desenhos infantis. Suas obras *Formas de pensar o desenho: desenvolvimento do grafismo infantil* (1989) e *O desenho da figura humana* (1990) apresentam reflexões sobre os aspectos formais e expressivos da linguagem gráfica especificamente das crianças, trazendo para o campo da estética o olhar sobre a plasticidade da produção infantil, tomando suas linhas, volumes e modos de ocupação de um suporte. Para sustentar o exercício, a autora utiliza várias imagens que, a título de ilustração, compõem um texto-imagem dos mais reveladores, colocando em relação os modos de pensar e de fazer das crianças pequenas e de alguns artistas. A visualidade criada por Derdyk nas referidas obras ilustra a construção da linha no desenho e a marca própria de cada autor. Também vale destacar sua organização na obra *Disegno. Desenho. Desígnio* (2007), que permite uma aproximação ao

REFERÊNCIAS PARA OLHAR O DESENHO DE CRIANÇAS

universo de produção artística no campo do desenho, experiência das mais significativas.

Mirian Celeste Martins, Gisa Picosque e Maria Terezinha Telles Guerra (1998) discutem a experiência sensível própria das artes visuais do ponto de vista da aprendizagem. As autoras tratam do fazer infantil e do papel do adulto, destacando a construção do olhar do adulto na leitura do desenho como de um texto que não é composto por letras, mas sim por imagens. Tal abordagem enfoca os quatro movimentos do fazer artístico que se sobrepõem em uma crescente espiral (ação, pesquisa e exercício; intenção e símbolo; organização e regra; poética pessoal), revelando o desenho como linguagem, portanto, sujeito ao domínio de códigos, integrado a outras linguagens.

Do olhar para o ensino da arte, vale citar o olhar para a aprendizagem das crianças em interação com o olhar dos professores – enfoque dos estudos de Mirian Celeste Martins (1992) em suas "trilhas sensíveis e pensantes". Suas reflexões nessa obra, associadas às aulas da própria autora às quais tive a oportunidade de assistir no Centro de Estudos Espaço Pedagógico Madalena Freire (hoje extinto), foram fonte de inspiração de minha questão principal, que remete ao problema do olhar e da significação dos professores com relação às produções gráficas infantis.

Embora sejam considerados um lastro importante para a compreensão do desenho infantil, os conhecimentos sobre o desenho na cultura são insuficientes. Da perspectiva dos CEIs como espaços educativos, colocam-se em questão não apenas os resultados, mas também as possibilidades de aprender a desenhar, ou seja, os problemas de planejamento e de intervenção. Por isso, são necessários outros instrumentos que permitam aos professores-supervisores e também aos ADIs a construção de conhecimentos que não estão explícitos nos desenhos das crianças e que exigem delas uma reflexão sobre o que veem, o levantamento de hipóteses interpretativas e a construção de significações próprias, mas não centradas em modelos adultos. Para esse fim, certos conhecimentos de psicologia podem ser necessários à formação do olhar.

2. As contribuições da psicologia

No eixo do processo ensino-aprendizagem do desenho pela criança, destacam-se autores que tomam o desenho como uma expressão do desenvolvimento psicológico infantil, abrangendo desde a fase motora até a fase simbólica, marcada pelo abandono das "garatujas" e pelo interesse crescente pela representação. Para Ana Angélica Albano Moreira (1997), o desenho como possibilidade de brincar e de falar marca o desenvolvimento infantil em diferentes estágios, conforme define Piaget. A partir dessa hipótese inicial, a autora examina nos desenhos a expressão própria de cada estágio de desenvolvimento. Sua reflexão sobre a passagem do jogo de exercício para o jogo simbólico é de grande importância para a compreensão da mudança da garatuja para as primeiras formas nomeadas pelas crianças, o que ocorre por volta dos dois anos, antecedendo o pensamento pré-operacional.

Analice Dutra Pillar (1996) também está atenta ao sujeito que desenha e reflete sobre o olhar da criança sobre o próprio desenho. A principal contribuição da autora para o presente estudo foi o esclarecimento do que significa representação e sistema de representação, um dos conceitos que precisam ser discutidos nos estudos dos desenhos de crianças. Essa foi uma das questões decorrentes dos estudos que envolvem essa pesquisa, mas, dado o enfoque assumido aqui (o olhar do adulto, e não do próprio sujeito desenhista, sobre o desenho), não utilizei explicitamente tal referência.

Moreira (1997) e Pillar (1996) estudam o desenho atravessado pelas teorias da psicologia do desenvolvimento. Muitas de suas conclusões se aproximam do que outros estudiosos já abordaram sobre o desenho infantil. Autores como Lowenfeld (1977), Luquet (1969), Kellogg (1987) e Mèredieu (1979) investigaram as peculiaridades da produção gráfica infantil desde 1917.

Tais referências podem ser úteis para a compreensão não da totalidade do desenho, mas para alguns de seus aspectos: as referências de Luquet (1969) são úteis para elucidar o pensamento da criança em processo na construção de um tipo de desenho, a representação gráfica. Mas nem todas as crianças possuem intenções representativas ou tomam seus desenhos como projetos figurativos, por isso os aspectos do desenho levantados por Mèredieu (1979) são fundamentais, pois instigam os professores a questionarem a própria interpretação.

Muitas vezes, os desenhos são expressivos de uma emoção posta em gesto, em movimento. Para compreender isso, são necessários outros critérios, por exemplo, os mencionados por Lowenfeld (1977). Por fim, a classificação dos padrões gráficos dos desenhos elaborada por Kellogg (1987) funciona como um novo alfabeto visual a partir do qual se torna possível falar das imagens tomando não apenas as características psicológicas de seus autores, mas, principalmente, as qualidades visuais do desenho em si. Nesse conjunto, é possível abordar o desenho infantil a partir de diferentes olhares, em suas manifestações como pensamento, como movimento e como visualidade.

2.1. Desenho como pensamento

Ainda que não tenham plena consciência disso, muitos professores receberam a influência do pensamento de Luquet por meio da imersão na cultura pedagógica escolar, a qual recebeu o impacto de sua obra mais importante, *O desenho infantil* (1969).

As conclusões de sua pesquisa na referida obra são resultado de minuciosas observações de crianças desenhando, com diferentes idades, em diferentes lugares do mundo. Embora em seus relatos apareçam menções à inserção social das crianças (nos exemplos em que cita o conhecimento das histórias, o contato com os livros etc.), ele não dá maior destaque ao papel das interações sociais. Ao contrário, entende que o desenho é uma

REFERÊNCIAS PARA OLHAR O DESENHO DE CRIANÇAS

atividade solitária, própria da criança. É um jogo como outros, tranquilo, não exige companheiro e pode ser vivido em casa e mesmo ao ar livre.

Para o autor, o desenvolvimento do desenho se dá em quatro fases de elaboração realista, passando dos primeiros rabiscos fortuitos ao realismo fracassado, ao intelectual e, por fim, ao visual.

Segundo Luquet (1969), a busca gráfica da criança segue a direção do realismo. O desenho realista encontra lugar privilegiado na atenção do adulto, culturalmente constituído para acomodar produções figurativas. Por isso, a leitura de Luquet costuma ser mais confortável aos educadores que, ao acompanhar a construção teórica do autor, podem acionar suas ideias sobre a produção figurativa, atribuindo-lhes uma compreensão sobre o próprio gosto.

A valorização da representação como possibilidade de desenho encontra amparo no pensamento piagetiano, na leitura de Moreira (1997). Para a autora, a criança tende à representação como caminho próprio do pensamento operacional concreto que possui um compromisso com o real, o que a põe na busca de um padrão estético. Esperar algo diferente do realismo seria julgar a produção infantil a partir de padrões estéticos adultos.

Para Luquet (1969, p. 15), "a criança desenha para se divertir. O desenho é para ela um jogo como quaisquer outros e que se intercala entre eles". Assim se inicia a obra *O desenho infantil*, escrita em 1927. Para ele, o jogo é uma atividade frívola que se caracteriza por sua inutilidade. Por meio dessa afirmação, aproxima o desenho infantil do fazer artístico na concepção kantiana, de arte como atividade que possui uma "finalidade sem-fim".

Entretanto, Luquet não compartilha de uma ideia inata ou primitiva de desenho. Para ele, os desenhos espontaneamente produzidos pelas crianças não são livres de direção; ao contrário, o futuro de um desenho está em construção na mente da criança, regido por processos internos comandados pela dialética entre a intenção e a interpretação: o que se pensa querer e o que se diz ter feito. Por isso, para o autor, o desenho revela o próprio pensamento infantil, algo que vai além do que a criança tornou visível por meio de seu traço.

Conhecer o desenho infantil a partir do entrelaçamento da intenção e da interpretação passa a ser, então, uma iniciativa que pressupõe observação e compreensão do pensamento que sustenta a representação gráfica. Para compreender as operações mentais que envolvem o desafio da representação, Luquet (1969) recorre à observação de crianças desenhando, procurando desvelar por meio das interpretações infantis os modos de solucionar graficamente não o mundo visível, mas o mundo que elas pensam ver, segundo o próprio entendimento.

Embora o conceito de desenho de Luquet (1969, p. 22-23) desvele complexas operações mentais que orientam um caminho que vai da percepção, passando pela ideia à representação, não se pode inferir daí uma concepção idealista. Para o autor, o desenho infantil é essencial e voluntariamente realista. É realista, em primeiro lugar, pela escolha dos seus motivos: a criança desenha essencialmente o que vê.

> Mas, mesmo tendo em conta as suas singularidades, pode-se considerar regra geral a criança representar nos seus desenhos tudo o que faz parte da sua experiência, tudo o que está aberto à sua percepção. [...] o repertório gráfico da criança, assim como a sua experiência visual, está condicionada pelo meio onde ela vive.

Assim, para o autor, a criança é tocada pelo mundo que a cerca na medida em que é afetada pelo que vê e também pelo desejo obcecante de representar o que conhece. Essa é a experiência de Otília, dos quatro aos cinco anos, influenciada pela experiência de imersão no estúdio de sua mãe, que é cabeleireira e vive às voltas com os problemas estéticos femininos próprios de seu trabalho de produção de moda para eventos e desfiles de jovens modelos.

Figuras 4 e 5 – Desenhos feitos por Otília (cinco anos) com caneta hidrográfica ponta fina preta sobre papel-sulfite (1997).

Figura 6 – Desenho feito por Otília (cinco anos) com caneta hidrográfica ponta fina preta sobre papel-sulfite (1997).

Figura 7 – Desenho feito por Otília (cinco anos) com caneta hidrográfica ponta fina preta sobre papel-sulfite (1997).

Mas o desenho infantil não é realista apenas pelos motivos, senão também por seu fim: a criança age segundo uma intenção psíquica que rege os processos de representação de um modelo interno que se impõe no pensamento infantil. Ela luta por representar o mundo tal como vê (ou compreende que vê), mesmo quando desenha objetos e seres imaginários, que não existem, como no desenho a seguir.

Figura 8 – Desenho feito por Marina (cinco anos) com caneta hidrográfica sobre papel-sulfite (sem data).

A sereia de Marina, de cinco anos, por exemplo, mostra-se bastante realista ao ser representada com todas as características efetivamente apresentadas por uma sereia: olhos grandes, claros e lívidos, longos cílios que embelezam ainda mais a face encantadora de onde salta a boca rosada, contrastando com as verdes

Marina joga com a coincidência recém-descoberta entre seu nome e o da amiga, Mariana, escrevendo de modo a deixar um "A" dentro do nome e, ao mesmo tempo, fora, tornando possível a leitura dos dois nomes em um só.

escamas da cauda e combinando com o sutiã que recobre os seios, como não poderia deixar de ser em se tratando de uma menina.

Como realidade visual, o desenho consiste em "um conjunto de traços cuja execução foi determinada pela intenção de representar um objeto real, quer a semelhança procurada seja ou não obtida" (Luquet, 1969, p. 22-23). "Um sistema de linhas cujo conjunto tem uma forma que pode ter, na intenção da criança, duas finalidades diferentes" (Idem, p. 123): o desenho figurativo, que tem um fim em si mesmo, pelo prazer de olhar, e o desenho geométrico, cujo intuito é reproduzir objetos reais. Essa segunda finalidade é estranha à criança. Por isso, em seus estudos, Luquet dedica-se inteiramente aos desenhos produzidos pelo movimento espontâneo da criança em uma ação lúdica cujo fim se explica em si mesmo.

Para a criança, o desenho ocorre entre dois âmbitos do desenvolvimento humano, o psíquico e o moral, intimamente ligados, por isso ele pode ser visto como um retrato visual do que está sendo elaborado em pensamento. Luquet (1969) diferencia o objeto, a imagem mental desse objeto e sua representação gráfica; investigar a intenção originária dos desenhos de crianças implica, então, tratar dos processos de representação mental.

Entendido como sistema gráfico de uma representação mental, síntese de categorias dos objetos conhecidos pela criança, segundo Luquet (1969), o desenho pode ser visto como um modo próprio utilizado pela criança para compreender o que a cerca, registrar na

REFERÊNCIAS PARA OLHAR O DESENHO DE CRIANÇAS

memória e comunicar visualmente suas ideias, por meio de uma dinâmica do entrelaçamento do olhar, da percepção, da memória, orquestrados pelo pensamento que se manifesta a partir da intenção.

Essa é uma das mais importantes contribuições do autor. Pelos motivos já apontados nas críticas às contribuições da psicologia no campo do desenho, reconhece-se a impossibilidade de se generalizarem todas as conclusões de Luquet (1969), como o autor propunha na descrição das fases do desenho relacionadas a faixas etárias. No entanto, ainda assim as descrições dos processos e do pensamento das crianças enquanto desenham, se não podem abarcar todas as manifestações do desenho, ao menos podem ser úteis para conhecer o desenho que de fato é figurativo. O reconhecimento de que elas possuem intenções ao desenhar (nem sempre, em nem todas as manifestações do desenho) intriga os educadores, levando-os a olhar para os desenhos levantando hipóteses sobre seus processos, procurando identificar nas marcas gráficas os modos de pensamento próprios das crianças, que se vão constituindo e se dando à vista por meio dos desenhos delas. Para Luquet (1969, p. 23), a intenção de uma criança por um tema tem origem no pensamento.

> *A intenção de desenhar tal objeto não é senão o prolongamento e a manifestação da sua representação mental; o objeto representado é o que nesse momento ocupava no espírito do desenhador um lugar exclusivo ou preponderante. Os fatores sugestivos da intenção de cada desenho confundem-se, portanto, com os da evocação da ideia do objeto correspondente.*

Para Luquet (1969), há diversos fatores de intenção que influenciam a atualização da representação mental. Em primeiro lugar, estão as circunstâncias exteriores: a percepção ou recordação dos objetos correspondentes (frequentemente provocadas pela expectativa do regresso de circunstâncias semelhantes, por exemplo, a chegada das férias) ou as ideias sugeridas por circunstâncias mais ou menos prolongadas.

Outro fator é a associação de ideias que ocorre em uma dinâmica que vai da intenção ao traço, a convite do desenho evocador de uma ideia que a criança tem no espírito e que é acionada pela memória. As ideias infantis sobre os objetos a serem representados podem-se associar por meio do estabelecimento de relações de analogia de diferentes tipos: analogia intelectual e visual ou analogia morfológica (objetiva ou gráfica).

Um terceiro fator de intenção é o automatismo gráfico. Nesse caso, diferentemente do processo de associação de ideias, aqui o desenho evocado e o evocador são representados no mesmo objeto, reproduzidos à exaustão em várias ocasiões, regidos pelo comando de um automatismo imediato ou contínuo "que consiste numa tendência maquinal não de repetir o desenho que foi feito imediatamente antes, mas de fazer de novo os mesmos desenhos com o intervalo de um ou vários dias, na ausência de toda a determinação psíquica perceptível ao observador" (Luquet, 1969, p. 33). A organização dos estágios do desenvolvimento do desenho de acordo com a finalidade realista foi criticada por Mèredieu (1979), que não vê nem sentido nem vantagens em enfatizar uma trajetória estética realista. Mesmo assim, vale lembrar que o que se destaca na abordagem de Luquet não é o padrão estético dos desenhos, mas sim o jogo interno da criança enquanto desenha.

A) O JOGO REALISTA

Os processos de desenvolvimento do desenho ocorrem ao modo de jogo para a criança. É justamente por considerar o desenho como um jogo que ela se envolve profundamente. Desenhar é assumido inteiramente pela criança que toma para si sua atividade. Tal posicionamento passa a ditar seu pensamento, o que caracteriza o primeiro movimento da criança que entra no jogo: a busca pelo modelo realista.

O desenho emerge como jogo, transitando entre a intenção e a interpretação, graças ao mecanismo psíquico da substituição, que ocorre segundo algumas possibilidades, sempre apoiadas na memória:

1. No primeiro caso, a força da recordação de uma intenção é, para a criança, intrinsecamente mais forte; ou seja, ela se recorda do que tencionava desenhar, mas não consegue sustentar a mesma interpretação diante do resultado gráfico que obteve. Nesse caso, reconhece seu desenho como defeituoso.

2. Em um segundo caso, ambos podem ser intrinsecamente fracos, o que leva a criança a responder à demanda de interpretação de maneira pouco consistente, enunciando sua interpretação de modo hesitante, abandonando-a quando interrogada ou simplesmente não a enunciando.

3. O terceiro caso é o mais conflituoso para a criança, quando a memória da intenção e a interpretação coexistem.
4. E, por fim, quando a lembrança da intenção é fraca e a interpretação é forte, a criança tende a manter sua interpretação a qualquer custo, procurando conformar o que seria visto como defeituoso em seu desenho de modo a acomodar as imperfeições como parte do conjunto.

Luquet (1969, p. 43) chama a atenção para o fato de que tais substituições não ocorrem sofisticamente, mas são vividas intensamente pela criança, que se envolve com o próprio desenho. É o que pode ser observado em um dos exemplos apresentado pelo autor:

> *Uma pequena alemã de quatro anos e meio quer desenhar uma Sagrada Família. Desenha primeiro o Menino Jesus, mas não consegue dar-lhe a atitude de oração: os joelhos não quiseram dobrar-se e em vez de mãos juntas via-se apenas um novelinho desordenado. Então, a pequena artista indigna-se: "O mau menino não quer rezar e São José está muito zangado; bate o pé e ralha porque o Menino não quer rezar e nem sequer pôr-se de joelhos. Mau Menino, por favor, reza e põe-te de joelhos!" Ao mesmo tempo, desenha São José com uma perna no ar: na sua cólera, bate com o pé no chão. Por fim, consegue fazer uma figura ajoelhada e com as mãos juntas; o Menino tornou--se simpático.*

A menina expressa-se de modo a demonstrar o que Luquet (1969) chamaria de uma atitude "obcecante", observada em suas várias tentativas de desenhar um tema específico. Nesse exemplo em especial, não se nota a expressão calma que o autor, no início de seu texto, afirma ser própria da atividade de desenhar. Ao contrário; há uma dramaticidade em seu fazer: a menina fica irritada, bate os pés, briga com o desenho. Isso ocorre porque, ao desenhar, a criança vive intensamente uma situação imaginária na qual ela cria, seguindo intencionalmente para si mesma algumas regras, nesse caso, do realismo. Para a pequena alemã, trata-se a todo custo de desenhar o Menino Jesus tal como os objetos denominativos que ela possui na memória. A regra realista é tomada pela menina como um desafio autoimposto que ela quer expressar graficamente.

Por isso, não se pode afirmar que haja uma escolha ou julgamento de valor, não há uma defesa explícita do realismo como movimento artístico, não é uma posição *a priori*. Para o autor, a tendência realista não é apenas um padrão estético assumido, mas sim um obstáculo psíquico que se coloca para a criança no tratamento do problema da representação, que a criança encontra ao lidar com uma ideia, sua execução e interpretação.

B) O JOGO ENTRE INTENÇÃO E INTERPRETAÇÃO

O principal motor do desenho infantil é o interjogo da intenção da criança, que se complementa em sua interpretação para o desenho. Para Luquet (1969), a intenção é o prolongamento de uma ideia presente no espírito da criança; da mesma forma, consiste no prolongamento de uma ideia presente enquanto ela executa o traço o qual nomeia. Como a intenção é prévia, a criança aciona a memória para tornar a interpretação dada ao desenho o mais próxima possível da intenção original. A aproximação ocorre por semelhança entre a ideia intencionada e o resultado visual. Mas isso nem sempre ocorre a contento, gerando um conflito interno que é assumido pela criança como um problema a ser resolvido.

> *A recordação da intenção, que subsiste com uma força mais ou menos grande na consciência do sujeito, choca com a interpretação que se esboça sob a influência do traçado. No caso em que, em consequência da imperícia gráfica, esse germe de interpretação difere da intenção, o seu encontro na consciência dá origem a um conflito. Aqui, como em tudo na vida mental, o conflito entre elementos psíquicos consiste na luta para chegar à consciência clara no estado de consciência total resultante da sua ação recíproca. Enquanto a recordação da intenção não quer perecer, opõe-se à interpretação nascente e prejudica o seu desenvolvimento, a interpretação nascente luta, para subsistir, contra a recordação da intenção que se opõe ao seu desenvolvimento. O êxito desse conflito dependerá evidentemente da força respectiva dos dois adversários. As suas armas, o seu apoio nesse combate só pode consistir no acordo com o traçado, quer dizer, a semelhança do desenho com o objeto sugestivo pela intenção, com o objeto denominativo pela interpretação* (LUQUET, 1969, p. 40).

A dinâmica de aproximação entre intenção e interpretação funciona psicologicamente como um motor para a evolutiva do desenho. A interpretação gerada pelo conflito de uma aproximação que não se efetivou (a interpretação é distante da ideia original) torna-se secundária e provoca a transformação do desenho pela inclusão de novos detalhes. Essa dinâmica apresenta uma consequência importante na definição dos rumos de um percurso gráfico.

> *Visto que a atribuição a um desenho de uma interpretação diferente da intenção primitiva, que provoca a passagem dos motivos originais aos motivos derivados, é determinada normalmente por uma analogia morfológica resultante da imperfeição do traçado, pode dizer-se que o enriquecimento do repertório gráfico da criança é devido em boa parte a profundas faltas de perícia* (LUQUET, 1969, p. 55).

Assim, Luquet encontra, naquilo que poderia ser visto como um erro ou uma falha, uma das condições para o desenvolvimento do desenho, revelando o papel do "erro" no desenvolvimento da expressão e o sentido de se dizer que uma criança aprende a desenhar, desenhando. É no pensar e no fazer gráficos que a criança alimenta diferentes tipos de desenho.

A produção dos desenhos na mente da criança, no entanto, não ocorre de modo estático, como manifestação isolada de uma das formas de intenção. Ao contrário, é resultado de uma profícua dinâmica.

> *A intenção não resulta apenas da influência isolada de tal ou tal fator dos que acabávamos de examinar, mas também de sua ação concorrente. Por exemplo, um desenho [...] anunciado como sino, sucede a um desenho de gatos que por automatismo gráfico provocaram a intenção (sem dúvida inconsciente) de desenhar de novo um gato. Mas a ideia de gato assim evocada sugere, por sua vez, por homonímia gráfica, a representação de um sino, e a intenção gato transforma-se em intenção sino, a qual é unicamente anunciada. A sobrevivência inconsciente, sob a intenção sino anunciada, da intenção gato*

que lhe sugeriu manifesta-se pelo fato de que esse desenho anunciado como sino conserva dos desenhos de gatos o traço horizontal da extremidade que representa a cauda e que não tem nenhuma razão de ser num sino (LUQUET, 1969, p. 34).

A dinâmica das associações leva a criança ao desenvolvimento de um percurso gráfico no qual se observa, entre outros elementos, a ocorrência do tipo.

c) TIPOS E PROCESSOS DE DESENHO INFANTIL

O tipo é um conceito usado por Luquet (1969) para referir-se à permanência de um mesmo modo de representação de um objeto, observado ao longo de uma série de desenhos de uma mesma criança e que se mantém por meio de operações mentais de conservação e de modificação. Podemos entendê-lo como uma marca própria do desenhista, uma etiqueta aplicada a uma coleção da mesma figura.

Conservação e modificação ocorrem em função da própria insatisfação da criança e de sua mudança de posição em relação ao próprio desenho. É, mais uma vez, uma mudança de pensamento que rege o desenho, que se transforma por operações de síntese e de análise.

O modo sintético de modificar o desenho agrega novos aspectos, recolhidos a partir do meio externo, por sedimentação.

> *Os pormenores introduzidos no desenho de um motivo são acrescentados a partir do exterior, tirados de exemplares novos do objeto real, dos desenhos feitos por outras pessoas, ou de objetos diferentes, a ponto de serem por vezes incompatíveis com o motivo para que são transferidos* (LUQUET, 1969, p. 76).

O modo analítico de modificar o desenho é interno e promove o que Luquet (1969, p. 76) chama de crescimento do tipo: "A representação global do objeto abre-se, por dizer-se, e desenvolve sucessivamente os pormenores elementares que continha até então em potência".

Os modos de conservação e modificação do tipo podem ser observados na coleção de desenhos da mesma criança, como se pode observar a seguir. Entre várias propostas desenvolvidas por ela entre os quatro e os cinco anos, com ou sem interferências planejadas e orientadas por seu professor, Bruna retoma em seu caderno, espaço livre em que desenha diariamente, um motivo e um tipo que lhe tomam atenção e que aqui estão apresentados em dois dos exemplares da série.

Figuras 9 e 10 – Desenhos feitos por Bruna (aos quatro e cinco anos, respectivamente), com caneta hidrográfica sobre papel-sulfite (1997; 1998).

Não se trata tão somente de um registro da figura humana, mas de certa figura humana, sempre feminina, em determinado contexto gráfico, sempre centralizada, envolvida em uma espécie de casulo ou de moldura. Todas essas determinações foram escolhidas pela menina, a cada momento, constituindo em seu conjunto sua marca própria, revivida a cada nova oportunidade de desenhar.

Como isso ocorre? Quais são os processos pelos quais Bruna retorna sempre a determinado tipo? Pode-se pensar que há aqui uma motivação estética ou se trata de pura repetição? Seria isso parte de seu estilo de desenhar? Essa se torna uma questão importante para os professores se considerada a hipótese de que, em muitos casos, a repetição de desenhos não significa uma escolha intencional da criança respondendo a uma preferência. Para preferir, é preciso escolher, o que requer o conhecimento da diversidade de soluções possíveis. Muitas vezes, uma característica vista como um estilo da criança é, na verdade, sinal da cristalização de uma única forma aprendida.

Os desenhos de Bruna não parecem ser fruto do automatismo, posto que, embora a ideia básica e mais geral (a figura humana envolvida no interior de uma esfera, o predomínio das cores vermelha e rosa) tenha-se mantido, há detalhes que se alteram, como a mudança do grafismo empregado no desenho das árvores, as cores dos troncos, os detalhes que preenchem o espaço aberto pelo contorno oval.

É possível que Bruna esteja associando ideias a partir de um objeto evocador que não necessariamente é um objeto real observado por ela, mas uma imagem registrada em sua memória e que passa a funcionar como a ideia evocadora de sua criação. Existe algo que a menina faz permanente em seus desenhos ao longo do tempo, mas há alguma coisa que se transforma na própria operação estética que confere visualidade à ideia de Bruna, que se pode notar no modo como a menina compõe, a partir de movimentos similares que produzem uma mesma natureza de linha, diferentes significações visuais: a linha circular envolvente extensa, que dá corpo ao céu na figura à direita, é da mesma natureza da que dá forma ao guarda-sol no mesmo desenho, e volume ao cabelo da figura humana que aparece no segundo desenho.

Detalhes (Figuras 9 e 10).

É no uso das linhas, na relação entre o olhar, a intenção e a possibilidade de representação que a menina diferencia suas linhas em cores e em contextos que produzem diferentes significações, ancoradas na existência de um modelo interno.

Embora o estudo dos tipos do desenho seja um indicativo das ideias das crianças, Mèredieu (1979, p. 14) lembra que mais importante do que isso é a dimensão expressiva que faz, por exemplo, que cada menina desenhada por Bruna, embora todas pertencentes à mesma família de figuras, guardam entre si diferenças essenciais que dizem muito mais sobre a própria autora do que sobre a figura em si.

> *Modo de expressão próprio da criança, o desenho constitui uma língua que possui seu vocabulário e sua sintaxe, daí a tentativa de incluí-lo no quadro da semiologia, aquela ciência geral dos signos, no sentido em que entendia Sausure. A criança utiliza um verdadeiro repertório de signos gráficos – sol, boneca, casa, navio – signos emblemáticos cujo número aparece idêntico através de todas as produções infantis, a despeito das variações próprias de cada idade. Mas o tema não é o mais importante; sob as diferentes imagens encontram-se analogias formais carregadas de expressão, ao passo que o tema constitui quase sempre um álibi, um pretexto para a utilização de uma forma.*

Assim, Mèredieu contribui para o debate trazendo à tona as peculiaridades do desenho visto como linguagem: como expressão, a linguagem dessa arte é aberta, e isso deve ser levado em conta na organização de qualquer projeto de um alfabeto visual. Linhas curvas, círculos e zigue-zagues são categorias gerais que dizem algo sobre o desenho, mas são apenas a porta para a leitura da expressão, que é o mais importante para a criança que desenha.

D) O MODELO INTERNO

A imagem visual não se imprime na criança pura e diretamente, mas é atravessada por seu modo peculiar de compreender o mundo, o que faz do desenho não uma reprodução direta do observado ou de uma sensação, mas sim uma cópia do modelo interno. Este possui realidade psíquica, impondo-se para a criança nos casos em que ela desenha de memória ou copia algo: o objeto copiado funciona apenas como uma sugestão, pois o que é copiado é o modelo interno. Mas, como as ideias visuais não são inatas na criança, deve--se perguntar: como ela cria seus modelos internos?

> *[...] sendo o desenho a representação do aspecto visual de um objeto, pode ver-se através dele a imagem visual desse objeto no espírito do desenhador no momento em que desenha, isto é, aquilo a que chamamos modelo interno* (LUQUET, 1969, p. 214).

O modelo interno é como um filtro próprio utilizado pela criança para ver o mundo que a cerca.

> *A representação do objeto a desenhar, devendo ser traduzida no desenho por linhas que se dirigem à vista, toma necessariamente a forma de uma imagem visual; mas esta imagem nunca é a reprodução servil de qualquer das percepções fornecidas ao desenhador pela observação do objeto ou de um desenho correspondente. É uma refração do objeto a desenhar através do espírito da criança, uma reconstrução original que resulta de uma elaboração muito complicada apesar da sua espontaneidade* (LUQUET, 1969, p. 81).

Ao desenhar, a criança usa o objeto observado (seja real, seja cópia) como uma sugestão; mas, na verdade, o que é copiado é o modelo interno, segundo as leis não do realismo visual, mas sim do intelectual, que responde ao modo como a criança compreende o que vê.

Os motivos pelos quais as crianças desenham são organizados em diversas categorias, podendo, por exemplo, referir-se a uma imagem correspondente a um objeto em um momento qualquer ou às diferenças individuais que se apagam. Esses são modelos gerais, altamente abstratos. Há, ainda, operações mais complexas para chegar ao modelo interno de um desenho individual.

> *Chegamos agora ao modelo interno de um desenho individual. A sua constituição implica uma atividade original do espírito, uma elaboração inconsciente dos materiais derivados da experiência, ou seja, as impressões visuais fornecidas pelo objeto real, motivo ou modelo, e conservados pela memória. Essa elaboração apresenta-se aqui sob a forma de uma seleção, de uma escolha entre os diferentes elementos constitutivos de um objeto representado. [...] o espírito da criança distingue entre esses pormenores os elementos essenciais e os elementos secundários; mais exatamente, ainda, institui entre eles uma verdadeira hierarquia. Na percepção e na memória, o espírito não é reduzido ao papel de um recipiente inerte onde se verte e se conserva tal qual a experiência, "o dado". Se, como diz Espinosa, um camponês, um pintor, um general, em presença de uma mesma paisagem, não recebem as mesmas impressões, a criança, diante de um objeto ou de um desenho, não vê os mesmos pormenores que um adulto; melhor, a sua vista vê-os, mas o seu espírito não os percebe senão na medida em que eles o interessam e proporcionalmente à importância que lhes atribui* (LUQUET, 1969, p. 93).

Ao representar sua ideia, segundo as regras realistas autoimpostas, partindo do modelo interno ao desenho propriamente dito, a criança falha inúmeras vezes, segundo a própria avaliação. Ela quer desenhar algo determinado, mas o resultado visual não lhe permite uma interpretação equivalente à intenção original: aí se encontra, então, a "falha".

A ideia de falha possui uma conotação negativa no vocabulário dos educadores, porque leva a generalizações sobre a própria concepção de criança, por exemplo, na crítica à ideia de que ela é um ser em falta com relação ao adulto. No entanto, é possível entendê-la como um elemento que ela mesma encontra para regular seu processo de criação: essa falha é assumida pela criança como o desafio maior do jogo que insiste em transpor e que a faz continuar desenhando.

Essa ideia pode estar presente nos diferentes momentos daquilo que Luquet (1969) considerou como desenvolvimento gráfico. De uma figura à outra ocorrem transformações que são sempre reguladas pela intenção, pelo fazer do desenho e pela aprovação da criança, de onde se sustenta a ideia de que os desenhos não são inatos.

Mesmo a figura humana, que é a mais recorrente entre as crianças, resulta de um processo de elaboração do pensamento que vai desde o reconhecimento do particular até a organização conceitual de uma categoria: "ser humano". Da ideia geral do que é o humano, prolonga-se a representação da figura humana, fruto de um percurso evolutivo do pensamento à visualidade originada das primeiras formas arredondadas, as moléculas do desenho, que vão ganhando complexidade ao longo do percurso criativo.

Em sua gênese, segundo Luquet (1969), o desenho da figura humana surge de formas simples, sendo o caso mais comum originado de forma radial, um rabisco circular de onde despontam linhas retas que são reconhecidas e conservadas pelas crianças. Nas produções posteriores, a ilustração original vai-se transformando a partir da eliminação de algumas hastes, até sobrarem apenas as que servem para representar braços e pernas saindo de um tronco. Assim, rabiscando e brincando, conservando e modificando aspectos de seu desenho, a criança experimenta modos de combinar formas que se aproximam cada vez mais da estrutura da figura humana.

A insuficiência da estrutura do ponto de vista realista é marcada pela ausência, por exemplo, dos braços, podendo ser explicada pelo fato de que as crianças desenham o que lhes parece o essencial da figura. Por outro lado, pode-se explicar também pelo descompasso entre a representação mental e o obstáculo gráfico que é preciso superar para a realização de sua intenção. Tratar-se-ia de "imperícia gráfica", somente.

E) O PAPEL DA FALHA NO DESENVOLVIMENTO GRÁFICO

Tal como a falha, o termo "imperícia gráfica" pode soar estranho aos ouvidos dos que tomam o desenho como uma atividade primitiva na criança, que não comporta um olhar crítico externo, e entendem que há, no sentido dessa palavra, uma desvalorização ou, no mínimo, o não reconhecimento do que é tão genuíno no desenho infantil. Por outro lado, ao assumir a existência de certa imperícia, Luquet (1969) separa duas ordens de conhecimentos em processo na criança: o domínio gráfico e a representação mental. Assim, compreende-se que os desenhos podem estar presentes como ideias na mente infantil, mas não se expressam nas linhas apenas porque a criança não dominou todos os problemas que os meios e os materiais lhe colocam. Essa perícia é conquistada no próprio uso contínuo de um mesmo material. De modo dialético, ao desenvolver sua expressão gráfica, a criança também cria outras ideias e amplia sua capacidade de representar.

Um percurso crescente de conquista de perícia gráfica pode ser observado na série de desenhos de Tomás, dos quatro aos cinco anos. De um conjunto de linhas, ele compõe um quadriculado que, nesse caso, lhe serve para preencher todo o solo sob o qual se instala uma pequena rua, onde se vê uma casinha, no topo à esquerda.

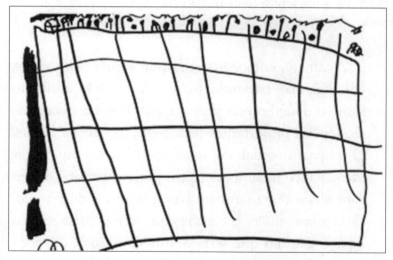

Figura 11 – Desenho feito por Tomás (quatro anos) com caneta hidrográfica sobre papel-sulfite (1998).

Esse é um tipo que se mantém na série do menino ao longo de algum tempo, acrescido de outros riscos e formas de preenchimento, tentativas de correção de um desenho que não coincidia com sua ideia original.

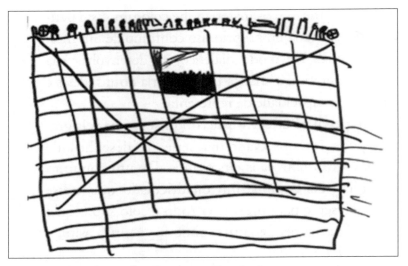

Figura 12 – Desenho feito por Tomás (quatro anos) com caneta hidrográfica sobre papel-sulfite (1998).

A falha é, então, marcada por Tomás pelos riscos em diagonal cruzando toda a folha. Sua avaliação sobre o desenho não se encerra aí, mas acarreta consequências importantes para o destino dessas linhas. O impacto visual do quadriculado evocou outras ideias para o menino, por exemplo, a carroceria de um caminhão, tema também bastante investido por ele. O menino, então, preenche com caneta preta todo o espaço daquilo que seria o antigo subsolo, abandonando de vez a primeira ideia para dedicar-se com afinco à ideia final.

Figura 13 – Desenho feito por Tomás (cinco anos) com caneta hidrográfica sobre papel-sulfite (1999).

Entre a intenção de Tomás e o acaso do resultado visual de seu traçado, vê-se surgir um novo desenho. Aquilo que parecia para o próprio menino uma falha entre o primeiro e o segundo desenho não se configura como um impedimento ou uma incapacidade; ao contrário, gera uma segunda intenção que se fortalece em seu espírito como ideia e representação, canalizando toda a sua dedicação para a criação final, que recebe a aprovação do autor por meio de uma interpretação que condiz perfeitamente com sua intenção: é um caminhão.

Ao longo do tempo, os traços que se transformam a cada nova tentativa em uma ilustração mais elaborada revelam o caminho gráfico que uma criança pode percorrer para alcançar seu intento. Um caminho motivado pela tendência realista, que só pode cumprir seu desígnio nos rumos das linhas e na ocupação das cores no espaço, que constituem uma ideia que ela quer tornar visível, em primeiro lugar, para si própria, e depois para o outro.

O jogo entre intenção e interpretação segue sua trajetória evolutiva, passando por várias fases de desenvolvimento gráfico, iniciando nos primeiros rabiscos fortuitos, feitos sem intenção alguma, até a plenitude da expressão realista, caracterizada pelo sucesso da representação na avaliação da criança, que se satisfaz ao colocar no papel um objeto do modo mais próximo ao que vê.

F) AS IDEIAS REALISTAS

Para Luquet (1969), o percurso gráfico realista origina-se nos primeiros rabiscos fortuitos da criança, quando a intenção não se dirige para reproduzir imagens, mas traçar linhas. Nesse momento, o que rege a ação dela não é uma intenção, mas sim a imitação realizada do movimento. Desenhando, a criança descobre novos desafios dessa experiência, conquistando a condição de atuar sobre a plasticidade da matéria ao passo que aumenta seu domínio sobre o próprio corpo e seus movimentos.

Mas essa consciência se faz não a partir de fatores internos, mas sim motivada por um fator externo: em breve, a criança passa a reparar nas ilustrações presentes nos livros, e esse encontro é fundamental para o próximo passo. Segundo o autor, a passagem do realismo fortuito se inicia com a consciência da criança sobre o próprio desenho em relação à memória de um objeto observado e sua interpretação: "Mas, chega o

REFERÊNCIAS PARA OLHAR O DESENHO DE CRIANÇAS

dia em que a criança nota uma certa analogia entre alguns traçados e um objeto real; considera-o então como uma representação do objeto, e enuncia a interpretação que lhe dá [...]" (Luquet, 1969, p. 139).

A criança fica feliz com a descoberta do desenho, mas a alegria não dura muito tempo. Como a semelhança do traçado foi produzida de modo fortuito, ela reconhece que isso só ocorre acidentalmente. Tal semelhança é aperfeiçoada intencionalmente, organizando o movimento involuntário para o voluntário. É a intenção de dominar o gesto que produz tal semelhança que leva a criança a exercitá-lo: a operação de conservação que mantém o desenho é o automatismo gráfico, que nada mais é do que a tentativa de controlar o desenho fortuito. As transições do realismo fortuito para o intencional não ocorrem como uma ruptura ou um salto, mas sim em uma série contínua de transições, em conformidade com certa faixa etária.

Na passagem dos primeiros rabiscos que ainda não estão inteiramente no domínio de sua consciência até o domínio do sistema de representação gráfica, a criança precisa ultrapassar obstáculos de diferentes naturezas: há um desafio físico que compreende o domínio de determinados gestos, movimentos e até procedimentos de uso dos meios e dos suportes para o desenho; há também o que Luquet (1969) chama de obstáculo psíquico, que consiste na transposição da descontinuidade típica da atenção infantil. Aí reside a complexidade do desenho: a criança precisa aplicar-se simultaneamente no pensamento sobre o que vai criar e desenhar, organizar uma ideia e cuidar dos movimentos por meio dos quais se efetua graficamente a representação.

A transposição desses obstáculos permite à criança a conquista de outra qualidade para seu desenho: o realismo gráfico. Nas diversas tentativas de desenhar a que se dedica, ela vê surgir um tipo de representação realista que não é plena segundo a própria avaliação, mas sim falha, caracterizada por certa imperfeição gráfica (de proporção e de relações de situação), percebida tanto nos elementos que faltam e que se explicam por diversos motivos, entre os quais a própria imperícia gráfica já citada anteriormente, quanto também no modo como alguns elementos são agregados ao desenho pela criança. Ao analisar não apenas os elementos faltantes, mas também os que existem, nota-se, ainda, a singularidade do modo de pensar da criança.

> *Os defeitos que aí se encontram explicam-se pelo fato de [que] a criança, no momento em que pensa num desses pormenores para apresentá-lo, só pensa [em] pô-lo no seu desenho. Hipnotizada por esse pormenor, esqueceu os que já traçou; se bem que tenha diante dos olhos, não os vê. Por consequência, enquanto na percepção visual do objeto o seu espírito apreendia de uma só vez o conjunto dos elementos, e por isso mesmo as relações que têm entre si, na representação sucessiva e descontínua que tem desses elementos faz que tais relações lhe escapem; a criança conhece-as, mas não pensa nelas* (LUQUET, 1969, p. 150).

Tomar consciência do próprio fazer gráfico e dominar a complexa tarefa de desenhar, transpondo todas as imperfeições, são conquistas que permitirão à criança expressar-se na plenitude do realismo intelectual.

Luquet (1969) diferencia o realismo do adulto, que é essencialmente visual, e o realismo infantil, que é intelectual. Ele se expressa no desenho pelo modo como a criança põe em evidência alguns elementos: destacando pormenores ou criando descontinuidades, por exemplo, no modo como Marina, de cinco anos, destaca a saia do vestido da Bela Adormecida que, para ela, sem dúvida era a coisa mais importante e mais definidora de uma princesa, em contraste com os sapatinhos delicadíssimos. A realidade da ilustração é, ainda, reforçada pela solução técnica que ela mesma

Figura 14 – Desenho feito por Marina (seis anos), com caneta hidrográfica ponta fina preta sobre papel-sulfite e tratamento digital (sem data).

arrumou para fazer as cores saltarem aos olhos, como deveria ser: Marina, aos seis anos, pediu que a mãe escaneasse o desenho, feito com caneta ponta fina preta, para que a menina pudesse colorir utilizando um programa de computador que lhe permitiu testar várias cores, até se decidir pelo contraste vibrante do azul-celeste e do rosa, que salta aos olhos.

O realismo também pode expressar-se graficamente pela transparência, recurso muito conhecido para tornar visível o que em realidade é escondido, como no exemplo da pequena Marina que, aos cinco anos, desenha a mãe grávida.

Figura 15 – Desenho feito por Marina (cinco anos), com caneta esferográfica sobre papel-sulfite (sem data).

Ela dá destaque ao bebê no interior da barriga da mãe, envolto no que ela entende que é a bolsa. Mas, para ela, a palavra "bolsa" encontra ressonância em outro modelo interno, o da bolsa feminina que carrega pertences pessoais e que possui corpo e alças, elementos incorporados na representação do que ela entende que deva ser a bolsa do nenê.

Por fim, um último recurso realista é a planificação, usada pela criança para solucionar os problemas de perspectiva, como se vê nas figuras rebatidas lateralmente, no desenho seguinte:

Figura 16 – Desenho feito por autor desconhecido com caneta hidrográfica sobre papel-sulfite (sem data).

Mèredieu (1979, p. 24) critica essa visão de Luquet, que, segundo ela, é um modo adulto de observar desenhos infantis, que não condiz com a maneira como a criança pensa.

> *Quanto à noção de transparência e de plano deitado, característica do "realismo intelectual", podemos considerá-las como pervertidas num sentido racionalista. A transparência, para a criança, é o meio para traduzir uma experiência não tanto especial quanto afetiva. A casa não é apenas o lugar em que o objeto se inscreve, mas também uma rede de afetos. Só os adultos é que veem os objetos em transparência [...]. O processo de significação constituído pela transparência não se reveste da mesma significação para a criança e para o adulto.*

No entanto, vale citar que a crítica de Mèredieu apresenta um problema: embora seja perfeitamente possível reconhecer que a criança pense de modo diferente do adulto, é como adultos que os educadores olham os desenhos de crianças. Não reconhecer o olhar do adulto pode ser entendido como um artifício *infantilizante*, que coloca o adulto em uma posição irreal e pouco subjetiva diante da criança. Certamente, a significação do adulto não é a mesma da criança, e não há por que evitar esse fato: em comum, educadores e crianças têm apenas o fato de que se colocam inteiros em suas experiências.

As visões realistas que Luquet conseguiu apreender a partir dos desenhos infantis, de certo modo, também levam em conta o sentido deles em relação às ideias das crianças. Segundo ele, a criança usa todos os processos em conjunto, por meio da mudança de ponto de vista.

> *Portanto, o realismo intelectual traz ao desenho contradições flagrantes com a experiência e, se se pode dizer,*

absurdos empíricos. Eles escapam à criança porque ela tem a sua atenção totalmente monopolizada pela execução do desenho, durante e depois da execução. Mas não consegue mais, mesmo quando o desenvolvimento da sua capacidade de atenção a leva a aplicar à sua obra a faculdade crítica que ela já possuía, mas que não usava. Então, verificando por experiências repetidas a insuficiência irremediável do realismo intelectual, condena-o como modo de representação gráfica.

Além das representações realistas, Luquet (1969) apresenta outra possibilidade gráfica que, para ele, é altamente sofisticada: a narração gráfica. Trata-se do registro de uma experiência visual contínua. Os fatos ocorrendo no tempo, espetáculos dinâmicos e variáveis, são representados pela criança, não sem esforço: o desafio desse jogo é resolver graficamente a relação de continuidade entre os momentos sucessivos. Isso é feito de três maneiras: simbolicamente, quando a

Figura 17 – Desenho feito por Laura (cinco anos) com caneta hidrocor preta sobre papel-sulfite (1997).

Referência às gravuras da região de Épinal, na França, famosa pelas prensas e pelos gravuristas que atuam na área até hoje. Aqui, Luquet (1969) remete às gravuras originais, compostas em quadros sucessivos, como as atuais "tirinhas" ou quadrinhos, entalhados em antigas madeiras e coloridas à mão em amarelo, azul e vermelho, tiradas em excelente papel e em séries limitadas. O principal destino era a ilustração para narrar lendas, histórias e canções populares. Serviam também para informar o povo: contar atualidades, as invenções e as grandes descobertas, além de manter a propaganda militar, noticiar e rememorar as conquistas dos exércitos em suas batalhas históricas, por exemplo. As gravuras, muito acessíveis, também eram usadas pelos provençais no lugar dos quadros. Hoje, as gravuras de Épinal são estudadas como documentos úteis na reconstituição da história dos costumes e da moda nos séculos XVIII e XIX.

criança escolhe um momento que representa todo o conjunto dos acontecimentos narrados; quadro a quadro, à maneira de Épinal, apresentando a sucessão por meio de várias imagens; e, por fim, de modo sucessivo, variando os fatos narrados na repetição ou sem repetição.

É curioso notar que o entorno visual em que a criança está imersa por meio do contato com os livros infantis e demais materiais gráficos (muitos dos quais ilustrados pelos gravuristas de Épinal) é cultural. Luquet (1969) não dimensionou o impacto qualitativo da cultura na produção dos desenhos de crianças, mas abriu a possibilidade de novos estudos nessa direção ao assumir que elas criam sua realidade. Daí se pode pensar, por exemplo, que toda a descrição do desenvolvimento gráfico realista provavelmente seja pertinente apenas às crianças ocidentais. Outras crianças que têm acesso a diversos padrões visuais e outros suportes do desenho, não necessariamente livros, poderiam ter percursos diferentes. Poder-se-ia supor, por exemplo, que crianças de determinadas tribos indígenas, que não possuem contato com a cultura escrita e que estão habituadas a regrar a vida pela observação da natureza e a acompanhar as mães na elaboração dos desenhos das cerâmicas, da cestaria etc., poderiam apresentar outras abordagens para os próprios desenhos, bem diferentes dos analisados nas pesquisas realizadas.

Vale citar que os desenhos realistas não são a única possibilidade de manifestação de desenho pela criança. Tudo o que escapa a essa intenção não é mais possível

REFERÊNCIAS PARA OLHAR O DESENHO DE CRIANÇAS

de ser compreendido pelas explicações de Luquet (1969). Por isso, faz-se necessário recorrer a outros instrumentos teóricos que permitam, por exemplo, dar visibilidade às garatujas, com a intenção de explorar os elementos da linguagem gráfica que estão em jogo naquilo que seria compreendido pelo autor como realismo fortuito.

2.2. Desenho como movimento

Luquet observou os rabiscos iniciais das crianças na perspectiva de seu futuro realista. Seria uma fase inicial e transitória. Mas outros autores avançaram na leitura dessas marcas iniciais, lançando mão de ideias mais abrangentes sobre o papel desses rabiscos no percurso gráfico da criança, inclusive com impactos importantes na produção figurativa. Um deles é Viktor Lowenfeld.

Embora tenha forte lastro na psicologia, o pensamento do referido autor baseia-se, sobretudo, nos pressupostos do movimento da livre expressão da arte moderna. Tal aproximação também parte dos próprios artistas que viram, na espontaneidade dos traços infantis, a essência do que seria o desenho em sua manifestação de cor e de linhas. Isso vale não apenas para as expressões dos rabiscos iniciais, como também para a própria representação valorizada na singularidade espontânea que as crianças supostamente teriam para tratar dos objetos que as cercam.

Mais do que qualquer outro pensador, Lowenfeld (1977) enfatizou a genialidade da criança, criando uma aura purista em torno do seu desenho, falando em nome de uma arte infantil original e absolutamente espontânea. Por isso, entre suas orientações a pais e educadores, estava o afastamento de modelos externos e até mesmo da presença de outras crianças, evitando a cópia entre elas. Tal posição já foi suficientemente contestada pelos autores que entendem o papel da cultura na produção gráfica infantil (Martins, 1992; Iavelberg, 2006). São igualmente contestadas as relações que o autor estabelece entre os rabiscos e traços da personalidade infantil que, de todo modo, não são necessários no contexto desse trabalho.

Entretanto, a principal contribuição de Lowenfeld (1977) está no destaque dado ao percurso criador infantil. Tal ideia aproxima-se da concepção do desenho tal como ele se apresenta no mundo, como um aspecto relevante da cultura. Vale citar que nem todas as ilustrações podem ser tomadas como produtos acabados. Da mesma forma, Lowenfeld propõe atenção ao processo de transformação dos desenhos e os caminhos gráficos construídos pelas crianças. Reconhecer esse aspecto do desenho pode levar os educadores a se tranquilizarem com relação ao produto final, sempre tão valorizado na escola, podendo atentar para os modos alternativos de produção gráfica e as soluções inusitadas que sempre surgem em um grupo de crianças.

Lowenfeld (1977, p. 115) reconhece e incorpora na descrição das fases de desenvolvimento todos os momentos da produção das garatujas. Para ele, existem três tipos de garatujas: as desordenadas, as controladas e

REFERÊNCIAS PARA OLHAR O DESENHO DE CRIANÇAS

as com atribuição de nomes. Como traço comum entre elas, está sua origem sensorial.

Embora pensemos, geralmente, que a arte começa com o primeiro rabisco que a criança faz, num pedaço de papel, na realidade, principia muito mais cedo, quando os sentidos estabelecem o primeiro contato com o ambiente, e a criança reage a essas experiências sensoriais. Tocar, cheirar, ver, manipular, saborear, escutar, enfim, qualquer método de perceber o meio e reagir contra ele é, de fato, a base essencial para a produção de formas artísticas, quer se trate de nível infantil ou de artista profissional.

Luquet (1969, p. 136) também observou o papel do movimento nos rabiscos iniciais da criança. Para ele, os rabiscos fortuitos não compõem o desenho, podendo ser assim considerados quando a criança já adquiriu consciência de sua marca no papel e passa a intervir com algum grau de consciência. Não se trata de uma expressão intencional: ao desenhar, ela brinca, não sabendo ao certo o resultado desta ação; e isso não importa, pois é o convite para brincar com os meios (tinta, giz de cera, carvão etc.), os materiais (pincéis, rolinhos, esponjas, os próprios dedos etc.) e os suportes (papel, papelão, chão, parede etc.), o que realmente lhe interessa. Para ele, essa produção nada mais é do que a imitação, o resultado do movimento com certa energia nos rabiscos fortuitos que compõem os primeiros traçados da criança.

Fazer um traçado é executar movimentos da mão que, estando munida de acessórios variados, deixa num suporte, tal como uma folha de papel, traços visíveis

113

que não existiam antes. A criança pode chegar por si própria à ideia do traçado e à intenção de o fazer. Os movimentos da mão explicam como uma criança os executa sem que correspondam a uma utilidade. São, antes de mais nada, o simples efeito do consumo espontâneo de uma superabundância de energia neuromuscular, e o exercício dessa atividade é acompanhado de um prazer que incita a criança a recomeçar.

Em *O espaço do desenho: a educação do educador,* Moreira (1997) concorda que tais rabiscos iniciais devam ser vistos como desenho-exercício, um jogo que desafia as crianças ao controle motor. Segundo a autora, nessa produção, a criança está interessada muito mais no controle motor do que na marca propriamente dita. A cor aparece por acaso e não por necessidade; é apenas registro do movimento, portanto, incompreensível para o adulto.

No entanto, alguns percursos de garatujas mostram curiosas regularidades que permitem identificar os rabiscos de cada criança, por exemplo, o modo de ocupar o espaço, o sentido e a força dos riscos. Tais regularidades são compreensíveis a partir de Jean Piaget: se a garatuja é mesmo o registro do gesto, considerando que há uma memória corporal, é de esperar que esse mesmo gesto se repita em outros momentos de desenhar. O mesmo se pode dizer sobre a ocupação do espaço do papel: a recorrente utilização de um mesmo lado do papel pode mostrar não uma intenção estética ou um estilo nascente, mas sim uma percepção do espaço que foi aprendida pela criança. Também para Mèredieu (1979, p. 24), as garatujas iniciais possuem um papel fundamental.

> *A evolução da criança começa com o que podemos chamar de desenho informal (e não abstrato, já que na criança pequena não existe nenhum desejo de não figuração). Nesse estágio, no plano plástico, a expressão infantil começa pelo borrão, ou aglomerado, e, no plano gráfico, pelo rabisco, "movimento oscilante, depois giratório, determinado na origem por um gesto em flexão que lhe dá o sentido centrípeto, oposto aos ponteiros de um relógio". O estudo dessas primeiras manifestações é capital para quem quiser compreender a arte infantil, pois elas condicionam toda a atividade futura da criança e constituem uma verdadeira "pré-história" do desenho.*

Nesse ponto, as ideias de Mèredieu e de Luquet parecem se aproximar. No entanto, para a autora o que move os primeiros rabiscos é, antes de tudo, o prazer de traçar, sem atribuir significados necessariamente, puro movimento.

> *Efetuado de início pelo simples prazer do gesto, o rabisco é antes de tudo motor. Só depois é que a criança, notando que seu gesto produziu um traço, tornará a fazê-lo, desta vez pelo prazer do efeito. Momento decisivo esse, em que a criança descobre a relação de causalidade que liga a ação de rabiscar e a persistência do traço (MÈREDIEU, 1979, p. 25).*

O movimento infantil não é apenas muscular. O movimento inicial, basicamente muscular, ainda não é propriamente um gesto porque não possui finalidade simbólica tal como os gestos humanos, que exprimem ideias ou sentimentos em um aceno de mãos, no piscar dos olhos, no estalar dos dedos, no sorriso no canto da boca, nas reviravoltas do olhar etc. No entanto, ele toma gradualmente uma dimensão expressiva, como aponta Izabel Galvão.

Segundo Galvão (2008, p. 73-74), a partir de Wallon, movimento é uma acepção mais genérica, que engloba todas as manifestações corporais, inclusive as impulsivas. O gesto envolve especialização, objetivação.

No início globais e indiferenciados, os gestos instrumentais (praxias) sofrem um processo de crescente especialização. No ato de preensão, por exemplo, observamos uma grande evolução desde os primeiros gestos globais que se adaptam mal aos objetos, até ser possível o movimento de pinça, cada vez mais adequado às características do objeto. A especialização é um processo estreitamente vinculado ao ambiente cultural, já que demanda o aprendizado do uso próprio (cultural) dos objetos. Mas depende também de exercício e maturação das funções nervosas, que permitem reduzir as sincinesias, movimentos desnecessários que parasitam uma praxia, perturbando sua realização adequada. Cabe ressalvar que, mesmo no adulto, todo gesto práxico – de função eminentemente executora e voltada para a realidade física – tem sempre um teor expressivo, presente na maneira como é realizado. As variações na realização de um mesmo movimento – que pode ser brusco, harmônico, vacilante, decidido – resultam de alterações da atividade tônica, responsável pela dimensão expressiva da motricidade.

Embora Lowenfeld (1977) tenha desprezado o papel do meio cultural, nota-se que mesmo a manifestação primeira da criança, os movimentos musculares, constituem expressividade em seu uso cultural. Tal conclusão permite refletir sobre o papel fundamental das instituições de Educação Infantil, desde os berçários e os grupos menores, ao apresentar materiais e criar oportunidades para a vivência de sua expressão gestual. Bater a brocha no papel, segurar o giz de cera ou o pincel, esfregar a bucha para espalhar a tinta sobre a superfície, aprender a alavancar o braço para riscar com o carvão, todos esses movimentos supostamente instrumentais tornam-se expressivos na própria variação empregada pelas crianças, mesmo antes de se configurar como desenho, como marca permanente no papel. Para as crianças dos CEIs, as primeiras manifestações de garatujas surgiriam, então, dos seus primeiros movimentos.

> *A gestualidade da garatuja se repete no ato de comer — movimentos circulares no prato, longitudinais na ação de levar a colher do prato à boca; no ato de brincar com a massinha fazendo bolinhas e cobrinhas. É preciso aprender a olhar esses gestos como garatujas em si para poder ver as diferenças e pensar em intervenções para ampliar as suas possibilidades* (MARTINS; PICOSQUE; GUERRA, 1998, p. 98).

É sobre a concepção de movimento que Mèredieu aponta a principal crítica ao pensamento de Luquet. Para ela, o desprezo pela garatuja acarreta motivos culturais mais profundos, que devem ser levados em conta pelos educadores.

REFERÊNCIAS PARA OLHAR O DESENHO DE CRIANÇAS

Fica assim ignorado e rejeitado o valor gestual e dinâmico desse tipo de grafismo que a arte contemporânea tende a reencontrar. Essa desgestualização é um eco naquela rejeição do corpo praticada pelo Ocidente. Como encenação do corpo que se exprime e se solta no gesto, o rabisco possui um valor dinâmico. Portanto, não pensamos como certos autores para os quais a criança está voltada exclusivamente para a figuração, que muitas vezes não passa de justificação e disfarce para o prazer que ela sente em manejar formas, cores, matérias (MÈREDIEU, 1979, p. 39).

Essa gestualidade própria da criança, presente desde muito cedo, pode também ser conhecida pelos professores-supervisores e pelos ADIs nas garatujas iniciais, que possuem determinadas qualidades visuais e que permitem concluir que o movimento realizado pela criança no ato de desenhar não é inteiramente efêmero. Embora não possa mais ser visto quando cessada a atividade, não está inteiramente perdido, pois seus vestígios ganharam permanência como uma marca deixada em um suporte. E, nesse momento, inicia-se outra etapa do processo de desenvolvimento gestual.

A) O DESENVOLVIMENTO DAS GARATUJAS

Para Lowenfeld (1977), a garatuja apresenta um processo de desenvolvimento próprio que se inicia desde os rabiscos fortuitos até a nomeação. As garatujas desordenadas não possuem tentativas de representação: baseiam-se inteiramente no desenvolvimento físico e psicológico infantil. Devem ser valorizadas pela expressão em si, já contida no gesto das crianças. Por isso, não há sentido perguntar para a criança que desenha o que está fazendo.

Figura 18 – Desenho feito por Guilherme (quatro anos) com giz de cera sobre papel-sulfite (2006).

As crianças ficam inteiramente absortas nas garatujas iniciais, beneficiando-se do exercício com bons materiais como o *crayon*, por exemplo, até aprenderem a controlar seus movimentos, provocando resultados intencionalmente.

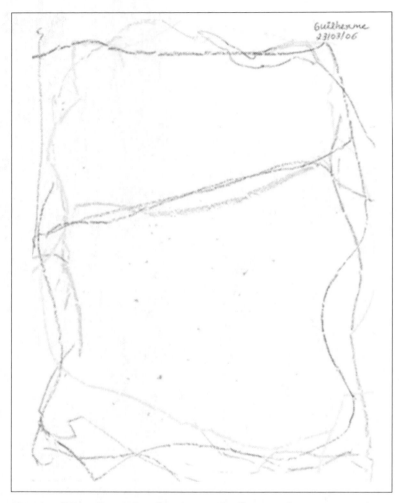

Figura 19 – Desenho feito por Guilherme (quatro anos) com giz de cera sobre papel-sulfite (2006).

Nessa fase, a criança constrói o espaço gráfico: o exemplo da figura 19 é elucidativo. Guilherme organiza suas linhas coloridas em torno do papel, dividindo-o em dois planos, reconfigurando o espaço. Para Mèredieu (1979, p. 51), essa é uma das aprendizagens mais importantes da evolução das garatujas.

No plano gráfico — mesmo que a criança esteja num estágio mais evoluído no plano perceptivo — a organização espacial começa por intuições sobre as relações de continuidade-descontinuidade, vizinhança e separação, envolvimento etc. As noções espaciais são métricas, mas qualitativas. Essas relações que se organizam muito progressivamente, ao mesmo tempo em que se desenvolvem os mecanismos motores e representativos, susceptíveis de dar-lhe origem, começam desde o rabisco com a dissociação continente e conteúdo. Momento em que a criança passa muito tempo incluindo figuras dentro de outras figuras, manchas, círculos incluídos em outros círculos.

Das garatujas ordenadas, surgem os desenhos nomeados pela criança que, atenta ao que faz, olha seus traços, é afetada por eles e passa a alterar os próximos desenhos em função desse encontro tão significativo.

Os desenhos, propriamente ditos, não mudaram muito, desde as garatujas primitivas. Embora a criança possa começar, agora, com alguma ideia sobre o que vai fazer, é também influenciada por aquilo que já fez. Assim, quando faz alguns rabiscos, no papel, estes podem ter uma preferência visual para ela, a qual, por seu turno, afetará os desenhos. Antes, a criança podia sentir, às vezes, a relação entre o que tinha desenhado e algum objeto; agora desenha com uma intenção (LOWENFELD; BRITTAIN, 1977, p. 123).

Ainda assim, é importante lembrar que o desenvolvimento das garatujas não implica necessariamente o abandono de conhecimentos anteriores. Tal fato pode ser observado no exemplo que ilustra estas páginas: Guilherme partiu de uma garatuja desordenada no dia

14 de março; uma semana depois, ele organizou as linhas em torno do limite do papel e, quase um mês depois, voltou a fazer uma garatuja desordenada. Isso não significa que tenha regredido: a experiência de garatujar apresenta um forte apelo visual, mas também

Figura 20 – Desenho feito por Guilherme (quatro anos) com giz de cera sobre papel-sulfite (2006).

gestual. O exercício da força e do movimento dinâmico exige que o corpo se organize e se ponha a desenhar, e isso deve apresentar algum sentido para a criança.

As linhas do traçado têm tensão e força próprias, constituem texturas que permitem recuperar para os olhos o invisível da ação passada por meio do vestígio gráfico do movimento que originou o traçado. Deve-se, então, pensar sobre o que pode ser visto a partir do movimento.

B) *O QUE SE PODE VER A PARTIR DO MOVIMENTO*

Os gestos podem ser reconhecidos observando crianças enquanto desenham e, para isso, os referenciais de Lowenfeld (1977) são úteis. Mas também podem ser acessados pela análise dos vestígios do movimento que se pode reconhecer nas marcas de sua passagem no tempo, na ocupação do espaço delimitado por um suporte, por exemplo, a folha de papel. Para aprender a ler o movimento, é necessário reconhecer o aspecto expressivo presente nas qualidades do movimento.

"Movimento" é uma palavra que pode ser usada para se referir sobre a qualidade do andamento ou desenvolvimento de uma ação ou do efeito observável. Em outras palavras, uma narrativa ou um quadro que não possuem movimento. Também pode ser entendido como o processo de transformação das relações de um sistema, em que se usa a palavra para movimentar ideias. Entendido em seu sentido mais básico, como um processo de deslocamento, o movimento compreende uma atividade que se faz passagem do tempo no espaço, podendo assumir diferentes qualidades ligadas a essas duas esferas. Do ponto de vista das qualidades espaciais, o movimento pode ser:

- Alternativo, quando se faz de um sentido a outro, típico do vaivém.
- Ameboide, quando se espalha e se retrai em ondas de arredondamento, de dentro para fora.
- Direto, como em uma reta crescente que segue uma mesma direção.
- Retrógrado, quando vai e volta.
- Contrário, quando responde em oposição ao movimento que acabou de ser executado.
- Errático, como em zigue-zague.
- De rotação, quando o traçado se risca em torno de si mesmo, voltando a um ponto já deixado no caminho da rota.
- De translação, por deslocamentos múltiplos e paralelos.
- Radial, como de um astro que se faz notar pelas linhas espectrais.
- Em ondas crescentes que se amplificam como em um lago, quando desenhado pelo impacto de uma pedra.

Do ponto de vista de suas qualidades temporais, o movimento pode ser:

- Periódico, descrevendo uma trajetória fechada.
- Harmônico, quando sua periodicidade se mantém regularmente.
- Anarmônico, quando, ao contrário, sua periodicidade é irregular.
- Acelerado, quando se produz pelo resultado de uma aceleração positiva; movimento que se faz cada vez mais rápido.

- Retardado, quando se produz pelo resultado de uma aceleração negativa; movimento que se faz cada vez mais devagar até perder toda a sua força e parar.

Todas essas qualidades falam sobre o destino da força e do movimento sobre a superfície do papel, colaborando para a construção de uma leitura possível, a partir do estudo dos processos adotados pelas crianças para rabiscar.

2.3. Desenho como visualidade

Kellogg (1987, p. 20) discorda do pressuposto de que a criança desenha porque sente prazer no movimento. Para ela, a gênese do desenho não está no ato motor, mas sim na experiência visual. Ainda que o ato motor esteja presente na atividade de desenhar, o olhar é um componente essencial do desenho.

> *Durante muito tempo se supôs que o prazer básico que as crianças experimentam ao desenhar é do movimento, ou "prazer motor". Porém, cabe igualmente supor que o prazer básico é visual. Por que uma criança se dá o trabalho de rabiscar no papel ou fazer linhas no pó? Por que logo para o movimento dos rabiscos se estes não ficam marcados, ou se, por exemplo, o lápis se quebra e não pode mais escrever? Por que uma vidraça embaçada o atrai só enquanto dura o vapor que lhe permite ver as linhas que traça com o dedo? A resposta está em que o interesse visual, seja ou não o interesse primordial, é um componente essencial de seu desenho. A estimulação visual desta ação vai além da vista e da luz. Nas atividades cotidianas, raras vezes nos damos conta*

de que, se não fosse o cérebro, não poderíamos ver um objeto, por melhores que fossem a retina e a luz. O cego não vê porque sua retina não transmite ao cérebro os impulsos nervosos apropriados, ainda que seu cérebro seja normal. Porém também é possível que uma pessoa com cérebro defeituoso e retina normal não perceba um objeto, pois esta função precisa dos olhos e do cérebro.

Tradução nossa.

Para a autora, a criança desenha porque pode ver o próprio desenho e porque pode pensar sobre suas produções. Luquet (1969), no entanto, se não mencionava o olhar como a origem do prazer do desenho, por outro lado, não deixou de notar sua importância: segundo o autor, ao olhar os próprios rabiscos fortuitos, a criança percebe que seus gestos produzem marcas estáveis e, então, aquilo que teria sido puro fazer, um movimento tão característico no primeiro ano de vida, vai-se constituindo como desenho.

A abordagem de Kellogg (1987) complementa as demais, trazendo elementos que ampliam o olhar na medida em que trata do desenho em sua essência visual e o aproxima da experiência do adulto, pois, para os professores, o contato com o desenho infantil é primeiramente visual.

A autora estabelece, como fases do desenho, quatro momentos: rabiscos, figuras, desenho e expressão pictórica, todos fundados na Teoria da Gestalt, segundo a qual a criança organiza mentalmente as imagens que captura pelo olhar e que produzem sentido por meio de operações do cérebro. Para os educadores, interessa assumir não os pressupostos da Gestalt, como a autora propõe, mas sim os elementos gráficos que catalogou e que passam a funcionar como novos instrumentos para observar o desenho infantil.

A pesquisa de Kellogg, empreendida durante anos, é basicamente visual. Por isso, segundo a autora, os desenhos infantis possuem um valor plástico anterior à própria figuração, tida para alguns autores como o ápice do desenvolvimento gráfico.

Em sua obra *Análise da expressão plástica do pré--escolar*, Kellogg (1987) divulga os resultados de uma pesquisa que analisou cerca de um milhão de desenhos. Ela se restringe apenas às ilustrações espontâneas produzidas dos dois aos quatro anos, pois, a partir dessa idade, verifica-se um empobrecimento dos desenhos decorrente do contato da criança com outras imagens e formas de desenhar socialmente valorizadas, o que normalmente ocorre em sua entrada na vida escolar.

> Atualmente, mais da metade desses desenhos está arquivada na Rhoda Kellogg Child Art Collection da Golden Gate Kindergarten Association, em São Francisco (EUA).

Como um verdadeiro alfabeto visual, a autora organizou os elementos gráficos recorrentes no conjunto de desenhos por ela investigados. Inicialmente, encontrou vinte rabiscos básicos que funcionam como letras de um alfabeto visual, apresentados a seguir:

• Ponto.
• Linha vertical simples.
• Linha horizontal simples.
• Linha diagonal simples.
• Linha curva simples.
• Linha vertical múltipla.
• Linha horizontal múltipla.
• Linha diagonal múltipla.

- Linha curva múltipla.
- Linha fluida aberta.
- Linha fluida envolvente.
- Linha zigue-zague ondulada.
- Linha de uma volta simples.
- Linha de voltas múltiplas.
- Linha espiral.
- Círculos superpostos com linhas múltiplas.
- Círculo com linhas múltiplas.
- Linha circular espelhada.
- Círculo simples cruzado.
- Círculo imperfeito.

Além disso, ela sistematizou dezessete padrões de disposição espacial usados pelas crianças em seus desenhos, relacionados a seguir:

- Global.
- Centrado.
- Bordas espaçadas.
- Metade vertical.
- Metade horizontal.
- Equilíbrio bilateral.
- Metade diagonal.
- Metade diagonal alargada.
- Eixo diagonal.
- Ocupação de 2/3 da folha.
- Ocupação de 1/4 da folha.
- Leque em ângulo.
- Arco de dois ângulos.
- Arco de três ângulos.
- Pirâmide em dois ângulos.

REFERÊNCIAS PARA OLHAR O DESENHO DE CRIANÇAS

- Através do papel.
- Leque sobre a linha da base.

A análise do padrão de ocupação do espaço permite o reconhecimento das elaborações da criança pequena. É possível que ela não esteja preocupada com a tarefa de traçar formas precisas, mas o modo como se dedica a ocupar o espaço com seus rabiscos mostra seu esforço e a percepção que possui de determinadas regiões da superfície: pode perceber mais o centro, um canto etc. Desse modo, a criança toma consciência da superfície do papel enquanto desenha. Procura uma base, um marco que será o ponto de partida para a continuação dos rabiscos. A análise dos padrões de ocupação do espaço das crianças revela sua representação do suporte e certa tendência de preenchê-lo de uma ou outra forma.

Tais elementos básicos estão presentes em qualquer produção gráfica, variando o modo de compor os rabiscos ao dispô-los sobre uma superfície. Da mesma forma, tais elementos estão presentes nos desenhos de todas as crianças, que os utilizam em suas composições, as quais são, segundo Kellogg (1987), basicamente:

- Diagramas nascentes.
- Diagramas.
- Combinações.
- Agregados.
- Mandalas.
- Sóis.
- Radiais.

A partir daí, podem-se reconhecer infinitas possibilidades de desenho, que são significados na experiência singular da criança. Ela experimenta modos de combinar formas, que podem resultar em grafismos diversos, em desenhos mais esquemáticos, figurativos, narrativos, simbólicos etc. Para os professores, conhecer tais elementos permite descrever detalhadamente o trabalho das crianças pequenas e compreender os problemas que elas tentam solucionar.

3. As contribuições sócio-históricas

Em outra direção, Silvia Maria C. Silva (2002, p. 20) critica, entre outros, Kellogg, Lowenfeld, Luquet e Mèredieu, localizando-os em uma tendência *maturacionista*, opondo-se a eles a partir da reivindicação para o estudo do desenho um olhar interacionista.

> *A grande quantidade de estudos de linha maturacionista enfatiza as etapas que todas as crianças devem percorrer rumo ao último estágio do desenho figurativo. O enfoque é dado à criança, pensada individualmente, e aos passos percorridos no caminho entre as diversas fases. Tal concepção mostra-se incompatível com a perspectiva histórico-cultural, segundo a qual a constituição do homem se dá no plano da intersubjetividade. Desse modo, as relações interpessoais, que são a base do desenvolvimento, têm que fundar também a análise da evolução da atividade gráfica.*

Outras críticas também já foram feitas por vários pesquisadores (Gobbi, 2002; Iavelberg, 1993, 1997,

2006; Martins, 1992; Martins; Picosque; Guerra, 1998), que apontaram de maneira suficientemente esclarecedora os limites teóricos dos referidos autores. De fato, o desenho não pode permanecer restrito à psicologia, sobretudo quando se presta como instrumento para, por exemplo, conhecer traços da personalidade ou outros fatores alheios à linguagem do desenho em si. Isto subvaloriza o desenho como produção de cultura pela criança, limitando a compreensão de todos os recursos e os modos de pensar que ela constrói para desenhar. O desenho não é espontâneo, resultante apenas de uma atividade interna da criança, mas possui dupla constituição: histórica (por meio das transformações da própria ideia de desenhar) e social (nas interações em que as crianças estão imersas em seus contextos de produção).

Dada sua face histórico-social, o desenho não pode ser visto como algo que se desenvolve dependendo da maturidade orgânica e psicológica. A proposição dessa arte como resultado de estágios, como os referidos autores afirmam, possui uma razão evolutiva, podendo reforçar o conceito errôneo da garatuja e de outras formas de desenhar como um estágio de prontidão para o desenho acabado, em sua fase realista, ou o que quer que seja o último e mais sofisticado estágio evolutivo do grafismo. Isso esbarra com a concepção de criança como sujeito no mundo, alguém singular – e não um vir a ser.

Além disso, estudos mostraram que o desenho pode ser cultivado pelas influências do entorno, do contato com reproduções de obras de arte e das intervenções dos educadores, demonstrando que as crianças podem desenhar de modo muito empobrecido apesar da idade avançada, a depender das experiências anteriores (Iavelberg, 1993; Martins, 1992).

Isso também se explica pela relação entre desenvolvimento e aprendizagem na abordagem vigotskiana: pode-se dizer que a aprendizagem de novos modos de desenhar alavanca o desenvolvimento psicológico e não o contrário, tal como pensavam muitos autores. Em determinada zona de desenvolvimento, há mais possibilidades do que limites, que são bastante ampliados pela experiência cultural infantil.

Ainda assim, tais autores apresentam importância fundamental: se, por um lado, mostraram-se insuficientes para a compreensão da gênese do desenho, por outro lado, ao considerarem o desenho da criança como objeto de estudo, ainda que atravessado por teorias particulares, iluminam os modos de elaboração do desenho pela criança e suas características gráficas. Talvez por esse motivo eles sejam considerados autores clássicos dos estudos sobre desenho infantil e estejam presentes em muitas das bibliografias especializadas sobre o assunto.

Silva (2002) entra no debate trazendo as contribuições de outra visão da psicologia. A autora parte dos pressupostos do pensamento de Vigotski. Para ela, o desenho, em sua dimensão criativa, é especialmente importante para a formação cultural infantil. O trabalho da educação artística na escola possui um sentido

REFERÊNCIAS PARA OLHAR O DESENHO DE CRIANÇAS

maior, não se justificando apenas pelo desenvolvimento da percepção ou da motricidade: embora esses elementos estejam presentes, é no desenvolvimento da linguagem que Vigotski (1999) vê valor, uma possibilidade de ampliação da imaginação. Para esse autor, a imaginação criadora não se restringe às atividades de Educação Artística propriamente ditas, mas se expande para o trabalho humano em geral. As crianças que se dedicam a dominar os processos de imaginação criadora tal como os processos de criação científica e técnica apoiam-se igualmente no exercício da imaginação criadora.

Portanto, segundo Vigotski (2009, p. 122), um dos objetivos do trabalho com a produção plástica na infância é a preparação para o futuro.

> Todo futuro é alcançado pelo homem com a ajuda da imaginação criadora. A orientação para o futuro, o comportamento que se apoia no futuro e dele procede é a função maior da imaginação, tanto quanto a estrutura educativa fundamental do trabalho pedagógico consiste em direcionar o comportamento do escolar seguindo a linha de sua preparação para o futuro, e o desenvolvimento e o exercício de sua imaginação são uma das principais forças no processo de realização desse objetivo.

Para Vigotski (1999), o conceito de criatividade está diretamente relacionado às experiências acumuladas, o que coloca em questão a ideia de que a criança é, por natureza, um ser criativo, e sua capacidade de criação é maior do que a do adulto, a ponto de ser reconhecida como pequeno artista. Para ele, ela produz significação para coisas que já existem. A criança representa o que está na sua realidade presente, atravessada por sua compreensão: em resumo, ela desenha o que conhece. Por isso também não se pode afirmar que o que a criança produz é arte. Arte é produto da atividade humana, uma totalidade constituída nas relações de pensamento e de linguagem, produto da imaginação criadora que possui o poder de inventar, de criar objetos e sentidos que até então não existiam. Diferentemente, o desenho da criança funciona no campo da linguagem, como signo de algo que existe e que ela pode vivenciar.

O papel social e histórico do desenvolvimento da imaginação é um dos objetivos da educação, o que se traduz nos ganhos dos indivíduos ao passarem por um processo de formação que valorize a experiência de desenhar. O autor considera que, de todos os processos da criação, o desenho apresenta uma importância cultural fundamental no desenvolvimento da linguagem: essa técnica permite à criança transmitir em imagem, por meio de cores, linhas e movimento, o que outros meios não seriam capazes de dizer. Nota-se, portanto, a relevância desse trabalho na Educação Infantil para muito além do treino motor, da percepção visual, do exercício da cópia, entre outros objetivos que os professores comumente veem nessa atividade.

3.1. Desenho como atividade

Em seu estudo sobre a constituição social do desenho, Silva (2002, p. 14) apresenta bases que propiciam um novo olhar sobre o desenho de crianças, enfatizando a dimensão intelectual própria do exercício da criação.

> *O artista Steinberg fala que "desenhar é raciocinar no papel". Penso que desenhar também é sonhar, imaginar, recordar e criar, seja no papel ou em qualquer outro suporte. De qualquer forma, é importante destacar o elemento cognitivo que aparece nessa citação, pois situa o desenho em uma esfera de atividade em que o elemento intelectual está presente. Talvez seja justamente o desconhecimento a respeito desse elemento que ocasione a desatenção ao desenho infantil a partir dos seis, sete anos, idade em que, nas escolas brasileiras, o destaque passa a ser dado à aprendizagem da leitura e da escrita.*

Vale citar que muitas contribuições de Silva (2002) permitem abordar o desenho na dimensão da atividade humana, não apenas como resultado de uma atividade interna da criança, mas sim como uma atividade social. A autora levanta como fundamento epistemológico a abordagem sócio-histórica: o desenvolvimento é constituído tanto pelos aspectos biológicos quanto pelos culturais. Portanto, se a intenção é compreender uma atividade humana, não é possível considerar apenas as construções internas das crianças, individualmente, sem considerar o contexto histórico-cultural e as interações sociais. Além disso, segundo Vigotski (1999), aceita-se que a cultura humana seja produto da imaginação e criação, resultado de sucessivas reelaborações que se constituem historicamente.

O desenho, como parte da cultura, também está submetido às condicionantes de seu ambiente e do processo de construção histórica de si mesmo, como ideia e como prática de desenhar. Para Silva (2002), a criança desenha porque está imersa em uma sociedade que desenha. No caso das crianças que frequentam os CEIs, há de se considerar, portanto, o enquadramento oferecidos pelas próprias instituições a essa atividade. Desenhar nesses centros não é o mesmo que desenhar em casa, no quintal, riscando o chão com um pedaço de tijolo. Todas as condições materiais, bem como as expectativas, fortemente influenciadas pela representação do que seja "desenhar no CEI", revelam algo mais sobre a singularidade da atividade nesse contexto. Soma-se a isso a presença de outras crianças que interagem mutuamente, provocando outras possibilidades de significação. Também não é o mesmo desenhar em condições planejadas pelo seu educador, que, por sua vez, está imerso no contexto criado pelo Programa ADI--Magistério, tal como descrito neste capítulo.

4. A construção de referenciais como escolha metodológica

Como visto, para a criança, o desenho possui uma forte característica processual: o registro dos traços organizados sobre a superfície do papel, as interpretações de cada uma, as observações sobre as condições de produção e relatos sobre a qualidade das interações compõem

REFERÊNCIAS PARA OLHAR O DESENHO DE CRIANÇAS

um conjunto de informações que permitem aos professores acessarem os códigos daquela linguagem.

Todos esses conhecimentos constituem um campo sobre o qual se pode construir interpretações para os desenhos das crianças e levantar hipóteses sobre o que poderiam ser boas intervenções ou propostas para alimentar os percursos individuais de criação gráfica, que deve ser a preocupação dos professores. Mas, no campo das práticas, acolher tais autores em um trabalho de formação não significa aceitar todos os posicionamentos teóricos. A escolha dos autores e de aspectos de suas teorias responde a uma necessidade metodológica cuja necessidade é apontada pelos próprios problemas que a formação pretende solucionar.

Diferentemente dos ADIs, ou de quaisquer professores, por exemplo, os professores-supervisores (que são formadores de seu grupo) não possuem acesso ao momento em que as crianças desenham, e as informações que obtêm são sempre filtradas pelo olhar compreensivo dos ADIs.

O mesmo ocorre na escola: os coordenadores pedagógicos, por exemplo, só têm acesso aos desenhos por meio dos professores de sala.

Eles só podem conhecer o contexto geral da produção de tais desenhos, dentro dos limites de uma situação historicamente constituída (um programa de formação inicial de professores, conforme descrito neste capítulo), mas não possuem acesso às interpretações das crianças, às variáveis que influenciaram a produção de cada uma delas. No entanto, esses profissionais podem conhecer as ideias dos ADIs sobre o desenho por meio de suas escolhas e justificativas. E, para pautar suas intervenções, há os desenhos das crianças em si. Portanto, os referenciais de que necessitam para trabalhar com seu grupo de ADIs são aqueles que permitem, ao modo de um arqueólogo, descamar o visível nos traços e nas cores deixadas pelas crianças em uma folha de papel. Seria conveniente que os professores-supervisores pudessem observar como as crianças estão construindo, ao longo do tempo, soluções para tratar dos problemas gráficos que elas encontram ou, muitas vezes, que os educadores colocam.

Nenhum dos autores esgota todas as possibilidades de leitura para os desenhos infantis. Por isso, não se pode tomá-los exclusivamente, assumindo seus princípios na base de uma metodologia do olhar, mas sim aspectos que compõem, em conjunto com ideias de outros autores, instrumentos que permitem aos professores-supervisores melhorarem o próprio olhar sobre o desenho das crianças e, com isso, aperfeiçoarem também o olhar dos ADIs para com as crianças em seus percursos criativos. Tais instrumentos colaboram para a compreensão dos dois aspectos sobre os quais os ADIs podem refletir: o que as crianças tentam solucionar em seus desenhos e como fazem isso.

4.1. A construção do olhar como problema para a formação de professores

Tendo elegido os aspectos que iluminam o desenho infantil, convém novamente questionar: o que faz a diferença na formação dos professores que devem ser não só conhecedores das linguagens artísticas e do desenvolvimento infantil, mas, sobretudo, parceiros mais interessantes para as crianças, organizadores de boas propostas, capazes de desafiá-las e levá-las além do já sabido?

REFERÊNCIAS PARA OLHAR O DESENHO DE CRIANÇAS

Conhecer aspectos do desenvolvimento infantil pode ser importante para os professores; no entanto, parece ser insuficiente para fazer avançar a reflexão sobre intervenções no domínio da linguagem visual objetivando o avanço das aprendizagens nesse campo. Há também uma tendência de se investir, como metodologia para a formação docente, em sua imersão em experiências de fazer artístico. É possível que a experiência de desenhar ajude os professores a compreender o que está em jogo no ato da própria criação, as movimentações do pensamento, da percepção, da imaginação, dos afetos que ocorrem, as quais também podem estar presentes para as crianças. Tal experiência pode ajudar os educadores a reconhecerem quais são os problemas que elas encontram e como buscam solucioná-los no ato da criação; de todo modo, não é provável que o mero exercício do fazer, por simples transposição da experiência do docente para a do aluno, possa iluminar não só as soluções, mas o modo como as crianças criam os próprios problemas, posto que estes são gerados em situações determinadas por muitos outros elementos além do meio e do material empregado para desenhar. Entre o olhar, o pensar e o desenhar, há mais problemas a serem resolvidos além dos de natureza procedimental.

Muitas das propostas de formação de professores preocupam-se com a sensibilização mais integradora desses profissionais. Vale destacar o trabalho de Martins (1992, p. 19), cuja proposta para o ensino de Arte beneficia a construção de um olhar para o desenho, acolhida nas ideias de desvelamento e de ampliação do olhar dos professores para reconhecerem e valorizarem as produções infantis, propiciando avanços na aprendizagem.

> *Proponho que o ensino de arte seja fundamentado em duas ações dependentes como faces da mesma moeda: o desvelar e o ampliar. O primeiro permite o desvelar, o descobrir, do repertório pessoal de imagens, sons, gestos, personagens, falas de crianças. Desvelar é dar espaço para a criança se expressar, é perceber seu momento de desenvolvimento, é conhecer mais de perto seu pensamento, sua percepção de mundo, seus sentimentos. Ampliar o repertório plástico, sonoro, corporal e verbal exige uma ação pedagógica que estabeleça relações ricas e flexíveis com o mundo, que permita a apropriação do objeto de conhecimento Arte, através do trabalho com os códigos das linguagens, do contato com as produções de outras crianças, de adultos, de artistas etc. Ambas as ações exigem que o professor esteja junto, compartilhando, sendo cúmplice das descobertas, das inseguranças e medos, incentivando e encorajando, lidando também ele com seu referencial sensível.*

A palavra "desvelamento" é pertinente para tratar uma ação dos professores em direção aos desenhos infantis, porque permite reconhecer a existência de certo mistério provisoriamente velado. O desenho de uma criança apresenta-se plenamente, em sua totalidade, interferindo e provocando reações nos professores que o veem. Ela expressa seu momento de vida, de acordo com os aspectos de seu desenvolvimento, seu pensamento, sua percepção de mundo. No entanto, tudo está posto na ilustração de forma velada, no modo como a criança compõe seu conjunto de linhas em um espaço, como usa cores e produz texturas.

Essa é uma posição que pode aproximar-se das ideias de Merleau-Ponty (2004b, p. 19-20) e sua fenomenologia do olhar. A partir desse autor, é possível pensar que a construção simbólica da interpretação do que os professores veem não se constitui unicamente por um processo interno que pouco depende da realidade do mundo. Para ele, existe um visível que é corpo no mundo e que, assim encarnado no real, impõe-se ao olhar, anunciando o mistério da visibilidade.

> *Instrumento que se move por si mesmo, meio que inventa seus fins, olho é aquilo que foi comovido por certo impacto no mundo, e que o restitui ao visível pelos traços da mão. Seja qual for a civilização que nasça, sejam quais forem as crenças, os motivos, os pensamentos, as cerimônias de que se cerque, desde Lascaux até hoje, impura ou não, figurativa ou não, a pintura e o desenho jamais celebram outro enigma a não ser o da visibilidade.*

No ensaio "A dúvida de Cézanne", Merleau-Ponty (2004a) aponta um caminho: é no estudo da produção de um pintor singular que o próprio autor adentra o universo do visível. Sua leitura sobre a obra não é atravessada por um discurso apoiado na história da arte; não trata apenas das influências de impressionistas, de expressionistas e de outros movimentos estéticos na obra dos pintores, na personalidade ou no gênio dos artistas, nem se restringe à aplicação de elementos externos à própria obra. Seu enfoque está na busca do modo como o pintor vê o mistério do mundo e busca solucioná-lo. Olho e espírito relacionam-se em um fenômeno no qual o artista procura a todo custo capturar no mundo as cifras do visível.

Conhecer o fenômeno da criação em uma criança a partir das cifras que ela pode captar do mundo visível e seu modo singular de apropriação é uma intenção que leva em conta aspectos formais do desenho, mas também a produção, envolvendo o funcionamento psicológico e um modo próprio de pensar os problemas da representação. Mas, como acessar tal experiência?

Talvez os professores precisem de uma experiência de imersão reflexiva na materialidade visual dos desenhos de crianças, em si. A mediação dos professores-supervisores provocam nos ADIs em formação o processo de autoconhecimento como *fruidores* e também como conhecedores do desenho infantil. Além de conhecer-se, sua ação mediadora impõe como necessário o conhecimento do outro. Talvez eles possam interrogar-se sobre o que leem no outro, sobre as antecipações elaboradas a partir de seus esquemas assimilativos. Vale citar que os professores preocupados com a construção de sentido podem fazer intervenções mais eficazes, que promovam um avanço no desenvolvimento de um olhar compreensivo.

Capítulo III

PERCURSOS DE DESENHO

Percursos de desenho

As séries de desenhos produzidas no referido contexto
(e que serão discutidas no presente capítulo) são
representativas de um olhar construído coletivamente,
na medida em que passaram por diversas instâncias
de mediação em diferentes grupos.

Em um primeiro momento, os desenhos passaram pelo olhar da ADI responsável pelo grupo de crianças, que acompanhou o processo de sua produção em uma situação contextualizada por um professor-supervisor do programa. Nesse momento, ela foi orientada pelo professor-supervisor a organizar as séries de desenhos de todas as crianças, sorteando duas ou três entre as mais assíduas no Centro de Educação Infantil, e, em seguida, levar seus desenhos devidamente datados para as discussões nas reuniões de orientação do programa de formação, ao longo dos meses subsequentes. O objetivo principal era criar um contexto para a continuidade do exercício do olhar, evitando que essa profissional se deixasse levar a cada semana pelo critério do gosto pessoal, o que poderia apenas reforçar o que já sabia olhar.

No contexto tomado na pesquisa realizada, a *fruição* foi sempre mediada, pois o formador, diferentemente do professor (no caso a ADI), não tem acesso ao contexto em que o desenho foi produzido, nem pode observar as crianças do grupo. Esse acesso se dá unicamente pelo olhar dos professores que trabalham com as crianças, acolhem suas produções, recolhem seus desenhos e os disponibilizam para a fruição de outros olhares. Tal procedimento tem validade para a pesquisa na medida em que assume a produção de cultura pela criança e seu desenho infantil como produto que carrega marcas de seu autor e de seus processos.

Em sala de aula, coordenadas pelo professor de estágio, os ADIs organizavam pequenas "exposições" das produções que traziam de seus CEIs, em torno das quais podiam trocar suas opiniões. Essa dinâmica permitia ao grupo reconhecer as regularidades e também as singularidades que apontavam nos desenhos infantis. A própria organização da exposição, tomada aqui como atividade didática, criou um contexto para se aprender a cuidar de elementos que interferem no olhar, por exemplo: o tipo de papel e a cor que podem servir mais adequadamente como cenário para os desenhos; o modo de destacar a autoria e as ideias das crianças sem escrever sobre os desenhos; a forma de organização e de disposição das ilustrações, percebendo os exageros que por vezes criam para o observador uma impressão poluída visualmente; a necessidade ou não de margens ou molduras para enquadrar os desenhos.

Diferentemente de um antropólogo, que busca o sentido das práticas culturais do desenho, e de um psicólogo, que busca compreender os processos que tornaram possíveis determinados desenhos, os formadores atuam como um arqueólogo em busca dos vestígios de uma atividade complexa que se fez em um tempo passado e que deixou as marcas que podem ser decifradas ou, quando guardadas em mistério, podem suscitar perguntas, impressões, hipóteses que fazem circular o jogo do olhar em constante formação.

As exposições de desenhos e demais produções estéticas das crianças frequentemente não são objeto de atenção, mas sim do hábito. Painéis emoldurados por papel-crepom colorido e *glitter* concorrem pela atenção do olhar dos observadores em detrimento dos desenhos e seus autores. Varais, em princípio para guardar os papéis em seu processo de secagem, passam a funcionar como suportes para a exposição dos desenhos, que ali se acumulam até que sejam guardados nas pastas.

É certo que a criança não desenha necessariamente para expor: muitos rabiscos são exercícios criativos em si, experimentos, testes ou tentativas de um projeto em sua etapa de rascunho. No entanto, em um contexto em que a ADI é convidada a olhar para qualquer que seja a produção, é importante cuidar do entorno que interfere na configuração do seu olhar.

Cuidar da qualidade das exposições dos desenhos, ainda que em uma situação efêmera, criada didaticamente para um momento em sala de aula, obteve duplo objetivo: ao mesmo tempo que configurava o território do olhar, colocava em destaque os desenhos infantis, valorizando-os como produtos visuais, não apenas como atividades de passatempo ou exercícios de coordenação motora. Tal conteúdo não era apenas transmitido como orientação, mas sim construído a partir da experiência de olhar, de pensar e de falar sobre o que vê. Chama a atenção o modo como as decisões tomadas em grupo, por exemplo, reorganizar o painel, eram assumidas pelos próprios ADIs, colocando-as como sujeitos da própria reflexão, tomando para si as consequências dessa escolha.

Ao longo do semestre, o grupo de ADIs e seus professores-supervisores selecionavam alguns desenhos para o estudo de todo o grupo, congregando, assim, todos os olhares em torno de alguns aspectos relevantes do desenho. Os critérios eram estéticos, porém não seguiam os padrões figurativos tradicionais, já tão bem aceitos pelos ADIs. Ao contrário, os desenhos eram eleitos com a intenção de compartilhar o olhar para o que não seria espontaneamente observado pelo educador, justificando, então, a mediação. Alguns eram selecionados porque revelavam uma marca muito diferente do restante do conjunto, ou, ao contrário, porque eram curiosamente semelhantes. De todo modo, o olhar deveria voltar-se para a caracterização da autoria das crianças, segundo a pauta do professor--supervisor: o uso da força e do movimento; os tipos de gestos; o uso das linhas; a apropriação das formas; a diversidade das composições etc. Os conhecimentos de psicologia eram tangentes à pauta principal dos professores-supervisores. Além das relações que oportunamente surgiam nas conversas nas rodas de fruição, eles colocavam em discussão princípios que embasavam o olhar sobre o desenho no CEI.

Todo esse movimento de ir e vir da sala de aula para esse centro precisava ser sustentado na formação dos professores-supervisores que, embora possuíssem formação em nível superior em pedagogia, também eram leigos no tratamento do tema, ou pouco conheciam as especificidades das crianças nesse faixa etária. Por isso, foi organizado mais um espaço de discussão, outra instância para aprender a olhar. Assim, nos encontros semanais, professores-supervisores eram acompanhados pelos supervisores pedagógicos de cada escola-polo. Durante três horas, esses profissionais podiam tratar com os grupos os assuntos relacionados ao ensino e ajudá-los, em especial, a trocar olhares, elaborar hipóteses, novas perguntas e observações a partir de alguns dos desenhos que seus alunos ADIs cediam, para que, a partir daí, eles também pudessem, ao longo dos meses, construir novos modos de compreender os desenhos vindos dos Centros de Educação Infantil de seu grupo e saber como dar retorno aos ADIs durante a condução das aulas subsequentes.

> Na fase 2, eram cinquenta professores-supervisores em catorze escolas, organizados em subgrupos de três ou quatro professores por escola-polo.

Dessa reunião pedagógica semanal, de volta para a sala de aula, os professores-supervisores levavam questões dos colegas para devolver ao próprio grupo, criando uma dinâmica mais horizontal para a construção de conhecimentos. Assim, pode-se dizer que os olhares dos ADIs colocados em palavras nas rodas de *fruição* tinham consequência imediata na continuidade do trabalho criador da criança, na medida em que a nova pauta trazida a cada semana enfocava a intervenção que elas poderiam propor em seus CEIs.

Vale citar que as séries que compõem este capítulo foram selecionadas por mim, em colaboração com os professores-supervisores, a partir de um grande conjunto de séries organizadas pelos ADIs e expostos em diversos polos da cidade, para as crianças, suas famílias e toda a comunidade. A seleção levou em conta a diversidade de problemas gráficos que as crianças procuravam solucionar, desde a figuração, atividade mais aceita como modelo pelos professores, até os rabiscos mais primários, buscando mostrar como elas constroem a própria aprendizagem na atividade gráfica, de modo a mudar seus desenhos ao mesmo tempo que são modificadas por eles.

Desse modo, a coleta dos desenhos constituiu-se como processo de construção dos desenhos e, ao mesmo tempo, também do olhar sobre eles, em mudanças continuamente provocadas pelo olhar dos demais ADIs e dos professores-supervisores nas diferentes interações. A seleção de desenhos aqui apresentada contém inúmeras significações, muitas das quais não estão acessíveis aos leitores, senão pelos vestígios visuais que as crianças eternizaram como marcas no papel, sob o olhar interessado e admirado dos professores.

A seleção dos desenhos, também descrita anteriormente, foi feita com base em dois critérios:

• pertencerem a crianças que frequentaram assiduamente os CEIs, e, portanto, participaram de grande parte das situações organizadas pelos ADIs;

PERCURSOS DE DESENHO

- terem passado por rodadas de leituras dos ADIs apontando os avanços das crianças autoras.

Assim, o resultado da seleção partiu de uma sala de aula no curso de Orientação da Prática Educativa, passou pelos olhares atentos do grupo de ADIs, pelos professores-supervisores, pelo supervisor pedagógico, até chegar a minhas mãos. Meu compromisso foi apoiar os exercícios de leitura dos desenhos trazidos, para que pudessem voltar aos grupos levando novos pontos para reflexão, dando retorno aos ADIs sobre as possibilidades de continuidade do trabalho com as crianças.

Os referidos desenhos não foram gerados espontaneamente: devem ser entendidos como respostas que revelam o modo como cada criança significou a proposta de seus professores, ADIs em formação. Por sua vez, as propostas desses educadores também são aceitas como elaborações próprias sobre os conteúdos tratados em sala de aula, na interação com seus pares e com os professores-supervisores. Esse entrelaçamento de sentidos compõe os contornos do desenho como atividade humana, tomado como fruto de um desenvolvimento gráfico que se dá de maneira total, constituindo-se pela dimensão biológica e ao mesmo tempo cultural.

A experiência de olhar posta neste capítulo toma como ponto de partida o desenho como jogo para uma criança. Para o adulto, foi colocado o desafio do desvelamento, da compreensão das regras próprias dessa complexa atividade, procurando compreender os problemas encontrados pelas crianças e como construíram soluções gráficas, em uma dinâmica na qual fazer e olhar o seu fazer alimentaram-se mutuamente.

1. A gênese singular da figura

O apelo à figuração era muito forte entre os ADIs no início do semestre. Muitas tinham a expectativa de que, ao aderirem às propostas sugeridas pelos professores-supervisores, em pouco tempo presenciariam as crianças sob sua orientação produzirem "figuras bem completas", como diziam. Até mesmo esse desejo já é uma resposta às descobertas delas em suas primeiras rodadas de análises dos desenhos que vinham dos CEIs. Segundo levantamento dos professores-supervisores, poucas crianças produziam figuras, apesar de já terem quatro ou cinco anos. Esse dado contraria a crença na determinação do desenho pela faixa etária e reforça as teorias sócio-históricas, que creditam papel fundamental às experiências das crianças.

De fato, a visão do desenho nos CEIs era muito próxima à descrição feita por Silva e Sommerhalder (1999). Na maioria das unidades, não havia muitas opções de materiais para desenhar, sendo o giz de lousa e o giz de cera os mais comuns e, mesmo assim, sem muitas variações de cor. O modo assistemático de considerar o desenho na rotina pedagógica e as precárias condições para desenhar possuem relação direta com os resultados gráficos das crianças, evidenciando que, para além da capacidade de representar, elas

Percursos de desenho

necessitam envolver-se em problemas da dimensão do próprio fazer, desde a construção de procedimentos para o uso de materiais até a busca de modos expressivos para desenhar.

A descoberta de que as crianças poderiam desenhar muito mais e melhor levou muitos ADIs, e mesmo professores-supervisores, a supor uma intervenção direta: se não estão elaborando figuras, então dever-se-ia propor a elas que desenhassem suas figuras. No entanto, considerou-se que as crianças seriam mais beneficiadas se pudessem explorar suas garatujas tanto quanto fosse necessário, trabalhando em propostas centradas na variedade de materiais, de tipos e tamanhos de suportes. Com isso, apostou-se que tais experiências seriam fundamentais para a construção do repertório gráfico necessário às crianças para desenvolverem qualquer desenho, até mesmo os figurativos, como se verá a seguir.

Figura 21 (página 154)

O percurso de Athiley, de três anos, é recuperado aqui a partir do dia 16 de agosto de 2004. No primeiro desenho da série, podem-se observar figurinhas

Figura 22 (página 155)

muito pequenas, timidamente ocupando o papel: linhas que saem de um círculo e pontos laranja e rosa espaçados. Quinze dias depois, figuras semelhantes aparecem ampliadas, comportando em seu interior pequenas manchas coloridas. Na figura inferior, as manchas aparecem organizadas em arco e, nas duas maiores, destacam-se com mais definição dois pontos pretos, no topo da forma ovaloide: dois pontos separados por uma linha.

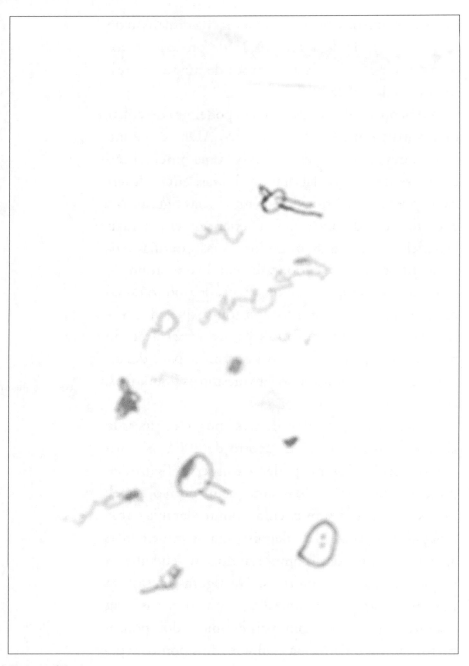

Figura 21

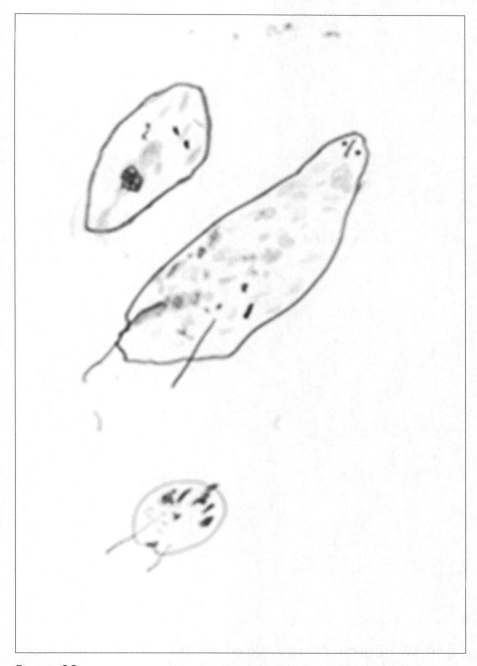

Figura 22

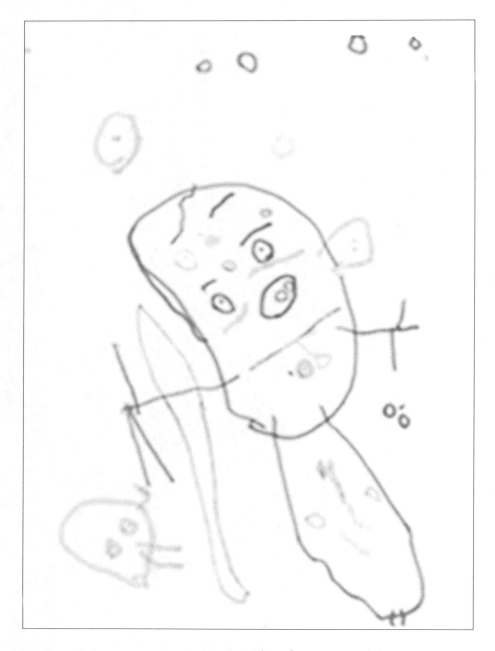

Figura 23 – Figuras 21 a 23: Desenhos feitos por Athiley (três anos) com caneta hidrográfica sobre papel-sulfite (2004).

PERCURSOS DE DESENHO

O resultado visual remete a um exercício de seleção dos elementos que Athiley precisa para compor sua figura, como se pudesse "limpar" o interior de seu círculo, até sobrar apenas o que interessa para compor a face. Isto exige da menina desenhar, olhar o que fez, lembrar-se do que já sabe fazer, voltar a desenhar selecionando o que interessa.

Em outubro, ela deu um salto rumo à complexidade de uma figura, trazendo da experiência anterior o repertório de linhas que aprendeu: as linhas longas dos cabelos, que nascem da lembrança visual das cerdas que se enfileiram no topo da haste laranja (figura 24); o recurso de inserir um círculo em outro, que serve para desenhar os olhos e ao mesmo tempo o nariz (figura 25); parte do desenho na escrita espelhada de seu nome, dois pontos divididos por uma linha, de forma semelhante ao detalhe da figura 22 e à grafia no topo da figura 23, no canto direito.

Página 158

Página 159

Foi uma surpresa para os educadores reconhecerem que Athiley chegou à figura humana, mesmo que a própria educadora tenha evitado oferecer propostas dirigidas para esse resultado. A ADI não fez nenhuma menção à proposição de um tema para desenhar e não há motivos para duvidar de sua intenção. Mesmo assim, reconhecendo a cultura dos CEIs é possível levantar a hipótese de que a figura 24 seja a ilustração de uma conversa sobre a escovação de dentes, tema frequente nesses locais. A hipótese é reforçada se considerarmos que, como aluna, a ADI também estudava, na disciplina Ciências da Natureza, os mitos sobre a higiene na Educação Infantil. O assunto, tão presente para

Figura 24

Figura 25 – Figuras 24 e 25: Desenhos feitos por Athiley (três anos) com caneta hidrográfica sobre papel-sulfite (2004).

ela, pode ter sido levado ao grupo de crianças, e Athiley, entretida com a conversa, pode ter recuperado a memória dos objetos apresentados (a escova e a pasta de dentes) em seu desenho. Isso explicaria a singularidade da mandala amarela no canto esquerdo da folha, tão diferente das anteriores, mas tão semelhante à boca aberta, cheia de dentes. É certo que as crianças não desenham sempre a partir de temas, nem sobre um único tema. Mas, até mesmo visualmente, tal hipótese é reforçada pela figura que se junta às demais à direita: uma longa haste com as cerdas laterais. Uma escova de dentes? Ou quem sabe o pente, também utilizado no CEI? Um pente que sugeriu a presença de um cabelo, na pequena figura ao lado? Cabelo que é transposto para o desenho seguinte e que passa a acompanhar as figuras de Athiley? É possível que nenhuma dessas hipóteses se confirme, mas, ainda assim, o encontro da educadora com o desenho da menina e as reflexões que este provoca são relevantes para a mudança de seu olhar.

Há de se considerar que as crianças desenham tudo o que está aberto à sua percepção. Mesmo quando os educadores não sugerem nem impõem um tema, elas o procuram por conta própria. No caso de Athiley, a força de sua intenção foi tão intensa, que lhe permitiu acionar todos os conhecimentos conceituais e procedimentais que asseguraram a legibilidade de sua composição. Mas, ainda que a menina estivesse respondendo a uma motivação externa explícita ou tivesse lido uma expectativa velada de sua educadora, isso não minimiza o impacto da própria autora ao visualizar seus traços e tomar para si a atividade de desenhar, riscando e observando seu desenho, assumindo-o como desafio ao longo da série, aventurando-se a conquistar novas formas de desenhar daí em diante. O que também chama a atenção para o fato de que conhecer mais sobre as coisas do mundo e conversar sobre outros tantos assuntos relevantes, interessantes e curiosos talvez seja uma boa intervenção, não só para Athiley, mas para toda a sua turma.

Para a ADI, tal experiência significou a confiança na capacidade das crianças e a descoberta de que, para elas, é possível aprender, mesmo quando a professora não "ensina" diretamente. Por outro lado, isso também não significa que a produção tenha sido espontaneamente gerada. Todo esse processo recebeu influência das condições propiciadas pela professora: os locais e os materiais para desenhar com regularidade durante o tempo necessário; o modo de organizar os grupos em torno das mesas, favorecendo as trocas; sua atenção em acompanhar todas as crianças enquanto desenhavam; a oferta de diferentes papéis; a nova organização do ambiente, dando espaço para a permanência dos desenhos de outras crianças da sala; as rodas de conversa etc.

2. Isto não é um cachimbo

Em 1926, quando Magritte afirmou "Isto não é um cachimbo" sob a imagem de um cachimbo, queria provocar o debate sobre a distinção da coisa, da palavra e da

Em 1926, René Magritte levou ao público um desenho de um cachimbo, cuidadosamente desenhado, com uma frase embaixo: "Isto não é um cachimbo". Essa obra causou enorme inquietação na época, levando à reflexão sobre o sentido da arte como representação. O artista ainda continuou chamando a atenção quando, em outra oportunidade, apresentou o desenho emoldurado com uma misteriosa sugestão, recomendando que não se buscasse a ideia verdadeira de cachimbo para compreender o enigma proposto por ele, mas se considerasse o próprio desenho como verdade manifesta.

representação. Mas, quando crianças dizem "Isto é um cachimbo" e podem ter recursos para desenhar, a aventura é justamente crer e fazer crer que de seus traços surgirá um cachimbo, fazendo de conta que é. As crianças estão atentas a tudo o que veem e constroem interpretações próprias para dizer em palavras o que são as coisas que encontram no mundo. Muitas vezes, a interpretação do que observam funciona como um objeto sugestivo para um novo desenho. Isso é o que ocorre em um dos tipos de proposta desenvolvidos pelos ADIs, a interferência gráfica.

Usada em uma situação pontual, a interferência gráfica colocava problemas de figuração para as crianças cujo projeto era justamente a produção de figuras. Por isso, uma das orientações fortemente discutidas no grupo consistia em avaliar a pertinência de algumas propostas: observar a qualidade da imagem, a proporção para o tamanho do papel e atentar para o fato de que uma boa proposta é sempre aberta a várias possibilidades de resolução. Alguns ADIs levaram exemplos dessas propostas para discutir entre os colegas.

Em dado momento do semestre em que se discutia esse assunto nas aulas de orientação da prática educativa, uma ADI levou para a apreciação de seu grupo o desenho de uma criança de seu CEI. Embora ela não tivesse dito às crianças "completem o corpo humano", essa era obviamente sua intenção. No entanto, ao receber a folha com a imagem colada ao centro (um vestido de prata escamado), Willian, de cinco anos e três meses, recuperou na memória um objeto observado e construiu uma representação própria. Indecisa sobre como responder a ele e em conflito entre o próprio desejo (que ele completasse os membros da figura humana) e a orientação de valorizar as diferentes soluções que as crianças encontram, a ADI apenas perguntou: "Você não fez uma mulher? Não usou o vestido?" Willian, então, respondeu, construindo uma nova interpretação: "Eu fiz uma mulher, uma mulher-peixe, é uma sereia".

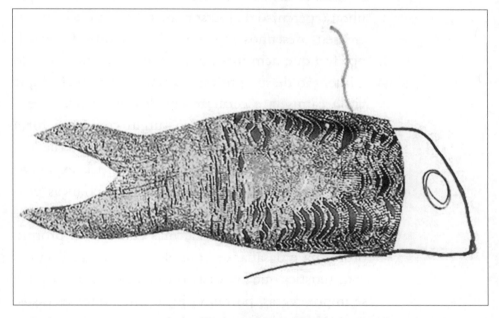

Figura 26 – Desenho feito por Willian (cinco anos e três meses) com caneta hidrográfica sobre papel-sulfite e interferência gráfica (recorte de figura de revista) (2005).

Na elaboração do desenho, Willian usou o objeto observado, o vestido prateado, como sugestão. Tal ideia parece muito promissora como projeto para um desenho, dada a força do realismo visual que salta da imagem, pela semelhança do que seriam as alças do vestido com o desenho de um rabo de peixe, reforçado pela cor prateada e pelo efeito escamado: quem haveria de duvidar de que a mulher que vestisse essa roupa não quisesse mesmo parecer uma sereia? A experiência vivida com Willian foi transformadora para a ADI, a ponto de encorajá-la a levar justamente esse caso para discutir em seu grupo, com o professor-supervisor, relatando a própria descoberta.

Caso semelhante ocorreu com a ADI que acompanhou o percurso de Jackson, de três anos e seis meses, em seus desenhos (apresentados na Introdução). É possível que nem mesmo o aluno tenha interpretado a intenção de sua professora, pois, no momento que viu a camiseta e o calção colados no papel, a lembrança do varal e do vento surgiu com uma força interna muito maior do que a motivação externa.

Da mesma forma, a ADI foi tocada pela experiência do menino e compreendeu que as crianças possuem ideias próprias e que o mais importante não é responder a uma proposta, mas construir o próprio problema e desafiar-se com ele, até o final. Essa é a característica que marca a postura de uma criança que se impõe regras, portanto, joga. Em ambos os casos, os ADIs mudaram de posição por um movimento interno, mas também reagindo a toda a atmosfera reflexiva que se construiu em torno da produção de desenhos nos CEIs da cidade.

As soluções de Willian e de Jackson parecem mais interessantes na medida em que trouxeram respostas inusitadas em relação às esperadas pelos ADIs. Mas outras crianças responderam organizando a figura, como Tony Anderson, de cinco anos e oito meses.

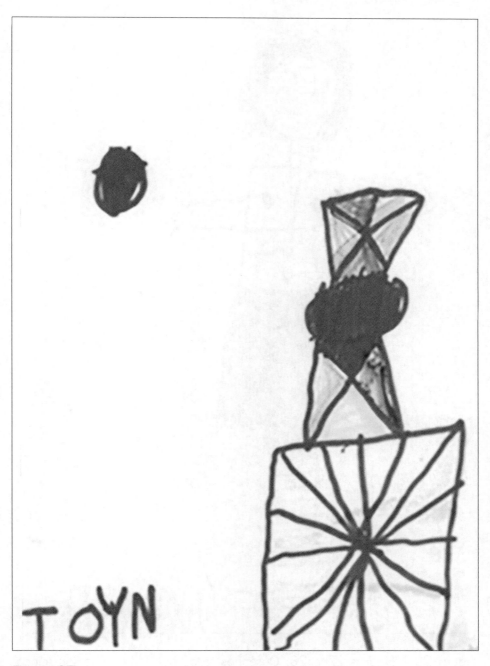

Figura 27

Figura 28 – Figuras 27 e 28: Desenhos feitos por Tony Anderson (cinco anos e oito meses) com caneta hidrográfica sobre papel-sulfite (2004).

Mesmo nesse caso, é interessante notar como Tony Anderson também se coloca desafios, desta vez, estéticos. O corpo do vestido origina-se de sua série de esquemas, oportunidade em que o menino pode aprender a cruzar as linhas de vários modos: paralelas verticais, horizontais, diagonais. Como uma composição em blocos, ele monta sua menininha com a cor de que mais gosta (vermelha), cuidando para que as meias também fiquem bem bonitas.

Na época que Tony Anderson vestiu sua boneca, notou-se que também em outros desenhos, entre crianças de diferentes idades, aparecia o mesmo recurso estilístico das meias listradas, na maioria das vezes muito coloridas. Uma marca tão característica, tão trabalhosa de desenhar e de pintar, surgindo nos CEIs de diferentes regiões da cidade. Como tal característica poderia ter-se espalhado? A primeira hipótese é a TV e, de fato, localizamos na época a personagem infantil de uma minissérie que ficara muito famosa entre as crianças e que vestia, tal como as crianças a retrataram, meias longas, com listras bem fininhas de cores diferentes. É provável que essa informação se perca no tempo para os *fruidores* futuros, que não viveram no tempo de Tony Anderson, mas, mesmo desconhecendo o seriado da TV e a personagem, as listras coloridas, trabalhosas, se farão presentes ao olhar, porque ainda tocarão o outro, produzindo novas interpretações.

3. Contorno e preenchimento

Micherlane tem três anos e frequenta uma creche da rede pública da cidade de São Paulo. Sobre ela, pouco se sabe, mas, ainda assim, é possível aproximar-se de seu desenho acompanhando seu percurso a partir de uma série de registros gráficos. Há uma boa condição material para isso: sua professora datou-os e os guardou por certo período, de 6 de abril até 26 de maio de 2004. No jogo de olhares da ADI que selecionou e apresentou tais registros, do professor-supervisor que os acolheu e dialogou com eles e do supervisor pedagógico, reconstitui-se um caminho gráfico que ressurge das camadas em linhas, cores e movimento para ser agora acompanhado. A partir do que podemos observar, não é possível saber se os traços observados possuem origens recentes ou longínquas, se tiveram motivações conscientes ou não, se foram concluídos pela menina ou interrompidos, se são representativos ou não. De toda a história que neles resultou, só há a visualidade materializada em uma folha de papel amarela marcada por canetas coloridas. Espalhados como em um leque, os quatro elementos ocupam a folha.

Nela, há um zigue-zague sobreposto de uma única linha vermelha ao centro, movimento que se repete no canto direito inferior, em marrom. Da mesma cor, dois outros rabiscos de linhas que se

PERCURSOS DE DESENHO

Figura 29 — Desenho feito por Micherlane (três anos) com caneta hidrográfica sobre papel-sulfite (2004).

enovelam nelas mesmas. Na faixa superior da folha, marcas da professora atravessam a folha com notações para a identificação do registro: nome, data, idade.

Como não é possível saber se tais marcas já estavam no papel quando Micherlane o recebeu, também é impossível saber o quanto tais marcas interferiram na intenção, na movimentação ou na interpretação dela. Mas, independentemente disso, há o fato de que, postas aí, interferem na disposição do olhar de quem observa, sugerindo múltiplas ideias: a de percurso, evolução, registro, trabalho escolar e tantas outras noções que nos sugerem algumas hipóteses sobre o que pensa a professora acerca da atividade gráfica da menina e o papel desse registro.

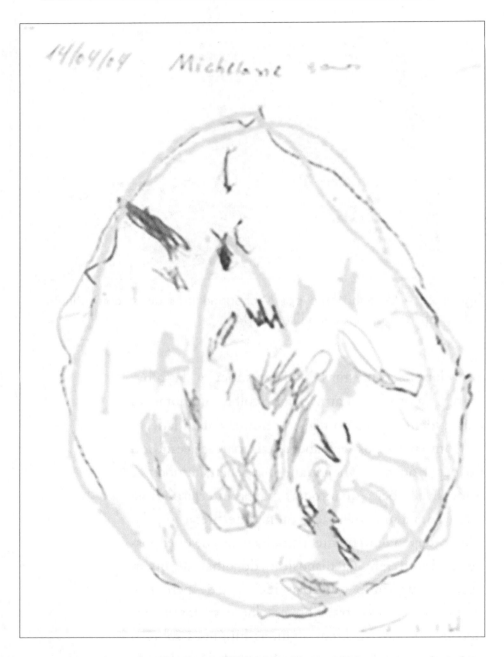

Figura 30 – Desenho feito por Micherlane (três anos) com giz de cera sobre papel-sulfite (2004).

Dias depois, vemos surgir uma forma oval, amarela, sobrepondo-se à outra cor-de-rosa. Não temos acesso às interpretações da menina; portanto, resta-nos apenas recuperar visualmente o destino das linhas e cores.

Linhas rosa e amarelas saltam aos olhos como um primeiro plano, provocado mais pelo efeito das cores no olhar do espectador do que no domínio de alguma noção de perspectiva. A linha rosa nascida

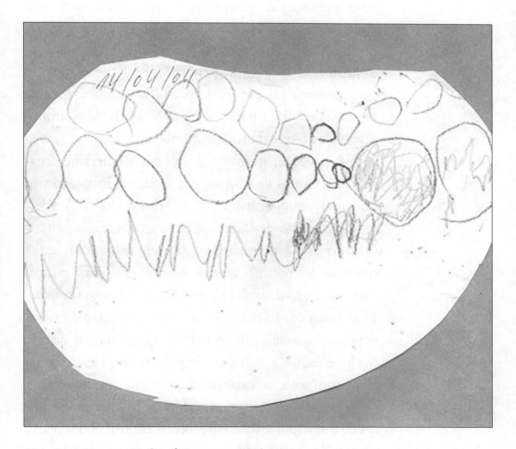

Figura 31 – Desenho feito por Micherlane (três anos) com giz de cera sobre papel-sulfite de formato oval, sobre papel-*craft* (2004).

primeiro atesta a intenção de Micherlane dominar o material duro (giz de cera seco), para concluir trabalhosamente um fio contínuo elaborado no efeito ligeiramente tremido da linha rosa, nas pontas que parecem escapar da rota que a menina insiste em cumprir e que rapidamente volta a seu curso, disciplinando-se e se recompondo quando quebrada, até concluir um contorno completo. Em conjunto, essas linhas contornam a coleção de pequenos e espaçados rabiscos em zigue-zague sobrepostos em tons de azul e amarelo. A disciplina a que ela se impõe no tracejo das linhas arredondadas se torna um exercício de repetição movido pelo automatismo, ao qual se dedica no mesmo dia que a professora lhe oferece um suporte irregular, muito diferente do que estava acostumada a tratar.

Na superfície ovaloide alongada, Micherlane organiza três linhas de objetos em série, do início ao fim do papel, ocupando a parte superior da folha. À direita, duas esferas destacam-se entre as demais: os círculos terminais diferenciam-se pelo preenchimento interno, ao mesmo tempo que diferenciam para a menina o uso da linha zigue-zague que, nesse contexto, é usada como recurso para "pintar dentro". Assim, vemos como ela utiliza o mesmo repertório de linhas, o zigue-zague e a linha circular múltipla, em uma nova composição, criando um novo resultado visual.

A professora novamente desafia Micherlane a tratar de um suporte diferente, oferecendo-lhe, dessa vez, uma folha preenchida com um recorte redondo que ocupa todo o centro da folha.

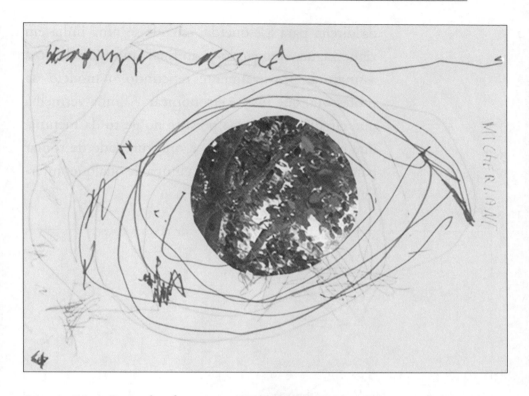

Figura 32 — Desenho feito por Micherlane (três anos) com caneta hidrográfica sobre papel-sulfite e interferência gráfica em formato redondo no centro da folha (2004).

Tal disposição do papel cria um obstáculo no centro da folha: o efeito visual desse preenchimento central não é ignorado por Micherlane, que passa, então, a trabalhar em torno do centro. As linhas circulares vermelhas vão e vêm, encontrando-se no terminal à esquerda, em que se junta um feixe delas a cada chegada e nova partida. A linha amarela, com mais fôlego do que a outra, vai circulando o centro da folha e enovelando-se em alguns pontos mais tensos. Em toda a faixa superior, da direita para a esquerda, estende-se uma linha em zigue-zague, alongando-se ao final, ao modo de uma assinatura, provavelmente repetindo o modelo da professora, que insiste em nomear. A linha vermelha que circula a si mesma persiste no gesto da menina, que o repete quando tem a oportunidade de tomar para si novamente uma folha limpa de qualquer interferência (como se vê a seguir).

Figura 33 – Desenho feito por Micherlane (três anos) com caneta hidrográfica sobre papel-sulfite (2004).

Ali, os zigue-zagues multiplicam-se em novas cores que não apareciam antes, sugerindo uma possível pesquisa de cores na repetição do exercício do mesmo repertório de linhas simples, uma circular em forma de caracol e os zigue-zagues horizontais e verticais sobrepostos.

O mesmo exercício de ziguezaguear e de circular reaparece na próxima oportunidade, com menos fluidez do que a caneta hidrográfica já permitira a Micherlane, mas ultrapassando a resistência que agora o giz seco impõe em sua passagem pelo papel. O azul provado anteriormente é, agora, retomado em zigue-zague, compondo novas linhas que se sobrepõem e criam pequenos espaços internos que a menina logo preenche (como vemos no canto superior à esquerda, em marrom e vermelho).

Figura 34 (página 176)

O exercício das linhas e das composições feitas na fluência do meio flexível da caneta hidrográfica e na resistência do instrumento riscante mais duro, o giz de cera, revelam pouco a pouco uma intensa atividade intencionalmente investida pela menina, em suas sucessivas oportunidades que teve para desenhar e que podem ser recuperadas na reconstituição histórica de seus registros ao longo de vinte dias. Tal reconstituição permite-nos observar como ela constrói visualmente, a partir de um repertório bastante restrito (contando apenas com linhas circulares e zigue-zagues sobrepostos), o conteúdo e o continente que surgem nos dois últimos desenhos dessa curta trajetória guardada pela professora.

Figura 34 – Desenho feito por Micherlane (três anos) com giz de cera sobre papel-sulfite (2004).

Conhecendo os materiais, Micherlane pode escolher os meios que melhor obedecem à sua intenção: a caneta hidrográfica para o contorno e o lápis de cor, meio termo entre o macio e o duro, para compor o conteúdo. O zigue-zague múltiplo acomoda-se melhor na maciez do lápis de cor, provocando o efeito de preenchimento que é logo assumido no exercício intenso, persistente, trabalhoso e ao mesmo tempo lúdico que a menina dedica no troca-troca de cores do jogo, que é pintar dentro e pintar fora.

Não se pode ainda concluir que já havia, desde os primeiros desenhos dessa série, a intenção de construir o efeito visual do conteúdo e do continente. Mas é possível que os agregados das duas últimas figuras tenham surgido como construção da atividade gráfica de Micherlane a partir da interação com os materiais. A atividade de desenhar as linhas e observá-las pode ter-lhe apontado a possibilidade de contornar e pintar, exercício assumido, então, nas produções seguintes, como uma intenção projetiva. Desse modo, o desenho modificou a atividade da menina ao mesmo tempo que foi modificado por ela.

O percurso de Micherlane desvela um caminho percorrido também por outras crianças na construção de seus modos de preenchimento e de contorno, contrariando a justificativa pedagógica comumente usada pelos professores adeptos do desenho pronto como recurso para ensinar a criança a "pintar dentro".

Figura 35 – Desenho feito por Micherlane (três anos) com caneta hidrográfica sobre papel-sulfite (2004).

Figura 36 – Desenho feito por Micherlane (três anos) com caneta hidrográfica e lápis de cor sobre papel-sulfite (2004).

4. Padrões musicais de ocupação do espaço

Como Micherlane, Rayane também tem três anos, mas os problemas gráficos que procura resolver são muito diferentes. Ao longo de um mês, a menina se preocupou em explorar a folha de papel, as linhas

Figura 37 – Desenho feito por Rayane (três anos e um mês) com caneta hidrográfica sobre papel-sulfite (2004).

onduladas e as canetinhas novas do CEI, quase todas as cores, gradativamente.

No primeiro desenho da série, pode-se observar uma combinação de linhas intercaladas, começando com um traço horizontal cruzando a base da folha partindo da direita (bem se vê seu ponto de partida pelo terminal à esquerda, linha abandonada ao final de seu destino). O desenho pode ser visto de baixo para cima, em zigue-zagues fluidos, às vezes envolventes. Predomina uma cor (a vermelha), em duas tonalidades muito sutis, possivelmente o mesmo vermelho em outra marca de caneta. Mas essa sutil diferença permite enxergar a ordem do nascimento das linhas.

Com uma cor, Rayane desenha todas as linhas retas, e com outra, vai intercalando recheios de ondas periódicas e harmônicas, regularmente aumentando até o meio do papel, mantendo essa regularidade, sem quebras, rompimentos ou movimentos repentinos, como se quisesse conservar uma toada vermelha, essa que escutamos nas pontas de nossos dedos quando tentamos repetir sobre a mesa os gestos da menina.

Esse padrão (que é de ocupação de um espaço, mas também musical) reproduz-se em vários outros desenhos da série: tanto faz se o papel é oferecido horizontal ou verticalmente, a estrutura sempre se repete, o vermelho subindo, por meio das canetas ou do giz de cera. Alguns desenhos à frente, a menina experimenta um papel diferente, com as pontas cortadas. Essa é uma intervenção que a professora oferece a todas as crianças da turma. As soluções encontradas por elas são as mais diferentes e é possível que, para algumas delas, isso nem mesmo se constitua como um problema. Mas, para Rayane, que realiza tudo tão regularmente, encontrar uma irregularidade na superfície coloca em jogo seu padrão: o que fazer com as linhas que começavam em um lado e terminavam em outro, se agora não existe mais lado, mas sim canto? Só então vemos uma mudança importante em seu desenho.

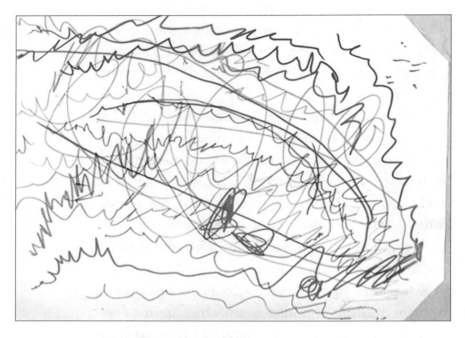

Figura 38 – Desenho feito por Rayane (três anos e um mês) com caneta hidrográfica sobre papel-sulfite sem as pontas (2004).

As ondas agora se organizam em arcos e as linhas retas agora dão a volta no papel: vêm da esquerda para a direita, fazem a curva, com esforço para não quebrar, e seguem de volta. Novas cores entram, cada cor, uma linha, todas convergindo para o canto, algumas vindo da esquerda e outras iniciando na direita. No fundo de tudo, uma linha muito diferente, curva envolvente laranja, que se espalha por todo o centro do papel, para logo depois ser superposta por outras que passeiam de cá para lá, tocando agora como orquestra. Nos dias subsequentes, a ADI continua oferecendo papéis de diferentes cores, tamanhos e formatos. E, mais uma vez, Rayane muda seu padrão, explorando outras possibilidades de traçar.

Mas, se no desenho anterior, o papel chama a atenção para o canto, nesse novo suporte, curiosamente o que prende sua atenção é o centro vazio, que Rayane preenche como pode, usando suas linhas de voltas múltiplas que, na falta de espaço, se sobrepõem em círculos coloridos, com predominância para o rosa.

Figura 39 – Desenho feito por Rayane (três anos e um mês) com caneta hidrográfica sobre papel-sulfite em formato triangular, sobre papel-espelho (2004).

E, no seguinte, ocorrendo exatamente o contrário (tendo preenchido o centro com um recorte de papel colado), Rayane dedica-se a explorar todo o entorno, utilizando o repertório de linhas aprendido em seu percurso criativo.

Figura 40 – Desenho feito por Rayane (três anos e um mês) com caneta hidrográfica sobre papel-sulfite e interferência gráfica em formato redondo no centro da folha (2004).

5. Dois jogos em um mesmo percurso

Para o desenvolvimento dos percursos, é fundamental que haja a regularidade, o tempo necessário para recuperar uma ideia, desenvolver um projeto, experimentar novamente uma conquista, explorar novos modos de apresentar a mesma linha. Muitas vezes as crianças precisam desenhar mais de uma vez no mesmo dia, como é o caso de Douglas Leandro, de três anos e onze meses. Em um mesmo dia, ele pesquisou várias combinações: agregados de bolinhas, sobreposição de blocos triangulares.

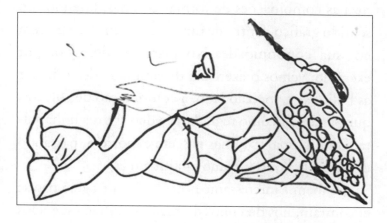

Figura 41 – Desenho feito por Douglas Leandro (três anos e onze meses) com caneta hidrográfica sobre papel-sulfite (2004).

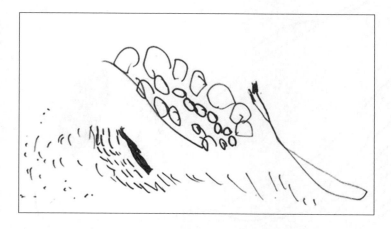

Figura 42 – Desenho feito por Douglas Leandro (três anos e onze meses) com caneta hidrográfica sobre papel-sulfite (2004).

É possível que as bolinhas sejam fruto do automatismo visual: o resultado das figuras aglomeradas convida o menino a seguir repetindo as mesmas formas. Mas é interessante notar como Douglas Leandro organiza as combinações de formas e linhas, fazendo um sentido gráfico dentro de um desenho em si e também em sua continuidade. No primeiro desenho, por exemplo, vemos o exercício disciplinado de enfileirar as bolinhas e, logo ao lado, a combinação dos blocos, que parece ter como regra nunca deixar uma linha solta. Uma a uma, as linhas nascem e morrem, passando de uma para outra, como em uma teia.

Também é interessante notar como até agora não se encontram, nos desenhos do menino, os tão esperados

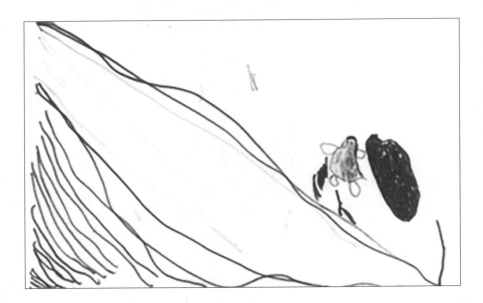

Figura 43 – Desenho feito por Douglas Leandro (três anos e onze meses) com caneta hidrográfica sobre papel-sulfite (2004).

radiais e bonecos, as figuras que os educadores podem identificar. Mas isso não significa que ele não saiba desenhar, como de fato se comprova na figura a seguir.

Na figura 43, à direita, há um boneco subindo a rampa. Mas esse tema não parece ser seu foco de atenção, tanto que o despreza. Seis dias depois, a partir de um papel circular, Douglas Leandro volta a compor seus aglomerados de bolinhas combinados com as séries de linhas, elementos que já apareciam desde a primeira figura da série.

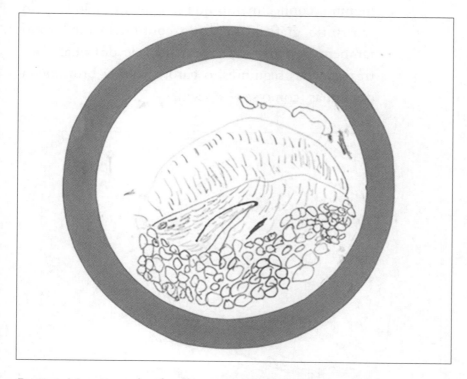

Figura 44 – Desenho feito por Douglas Leandro (três anos e onze meses) com caneta hidrográfica sobre papel-sulfite redondo em *colorset* (2004).

Pode ser que isso tenha ocorrido pelo exercício puro e simples do automatismo visual a partir de um primeiro aglomerado de círculos, mas também é possível que Douglas Leandro se tenha lembrado da produção anterior e esteja agora dando continuidade às suas pesquisas gráficas. É igualmente possível que certo mistério sobre a origem desse desenho permaneça; de todo modo, essa informação pouco ajuda o educador. Nesse momento, diante da série de desenhos, o que salta aos olhos é a intensa e dedicada pesquisa do menino, conhecimento que se constitui não só pelo repertório gráfico, ampliado continuamente, como também pela própria experiência de desenhar. Nas três semanas seguintes, o garoto volta à brincadeira das linhas (como se vê a seguir).

Figura 45 – Desenho feito por Douglas Leandro (três anos e onze meses) com caneta hidrográfica sobre papel-sulfite (2004).

Aqui, a regra é seguir cada linha com sua cor e um grande contorno azul envolvendo todas as demais, dando-lhes um continente, uma ideia de conjunto bem amarrado no canto superior direito. Dias depois, a regra continua: cada uma com sua cor, mas, dessa vez, as linhas são mais curtas e recuperam a aparência triangular que já aparecia na composição em blocos da figura 41, e os contornos sinuosos abraçam as demais linhas à direita, harmoniosamente.

Figura 46 – Desenho feito por Douglas Leandro (três anos e onze meses) com caneta hidrográfica sobre papel-sulfite (2004).

Kaíque, de cinco anos, também brinca com a cor durante três meses: para ele, a regra também é uma cor para cada coisa.

Figuras 47 – Desenhos feitos por Kaíque (cinco anos) com caneta hidrográfica sobre papel-sulfite (2004).

PERCURSOS DE DESENHO

Figuras 48 – Desenhos feitos por Kaíque (cinco anos) com caneta hidrográfica sobre papel-sulfite (2004).

Figuras 49 – Desenhos feitos por Kaíque (cinco anos) com giz de cera sobre papel-sulfite (2004).

Figuras 50 – Desenhos feitos por Kaíque (cinco anos) com giz de cera sobre papel-sulfite (2004).

Os percursos criativos de Douglas Leandro e de Kaíque também permitem refletir sobre a necessidade da elaboração de estratégias de gestão do coletivo infantil. Muitas crianças possuem projetos de pesquisa gráfica, permanecem com suas ideias e preferências, mas, para seguirem em suas buscas, precisam encontrar regularmente condições para tanto. Muitos CEIs organizam seus planejamentos em função da diversidade, porque os educadores têm a hipótese de que as crianças gostam de novidades e que oferecer todos os dias as mesmas coisas é cansativo para elas. No entanto, os percursos das crianças mostram o contrário: a novidade não está na atividade aplicada pelos professores, mas sim nas novas descobertas resultantes da própria atividade. A construção de novo sentido para a palavra "atividade" é fundamental, pois, no cotidiano das instituições educativas, esse vocábulo tem sido comumente empregado como algo externo, a ser aplicado e, por outro lado, muitos dos materiais didáticos também reforçam esse uso da palavra. É possível que muitos educadores ainda a utilizem dessa maneira, mas o que importa é saber que, para além e, muitas vezes, apesar das propostas dos professores, as crianças dedicam-se à própria atividade, esta que é aprendida culturalmente, por meio da qual os seres humanos transformam seu entorno e a si mesmos, de forma simultânea.

Essa atividade, que não é apenas repetição alienada, constrói história e por isso precisa fundar-se no tempo. Cuidar do tempo para o desenho no CEI é condição fundamental para o crescimento dos percursos criativos de um grupo. É preciso que todas as crianças tenham opções (tanto as que querem continuar desenhando quanto as que já concluíram e não podem esperar até que os demais integrantes do grupo terminem o que iniciaram), para, então, seguirem juntas para o próximo momento da rotina na instituição educacional. Disponibilizar materiais para que as crianças possam, por conta própria, fazer a gestão da própria atividade de desenhar é orientação das mais importantes.

6. O efeito da força

Edimilson, de três anos e oito meses, sabe desenhar a figura humana, faz composições com pequenos círculos e zigue-zague, mas, sempre que pode usar o giz de cera, ele exercita sua força para potencializar o efeito da cor, com um movimento alternativo tão forte quanto o contraste visual que o verde e o vermelho causam aos olhos.

Figura 51 – Desenho feito por Edimilson (três anos e oito meses) com giz de cera sobre papel-sulfite (2004).

Curiosamente, quando desenha com canetas coloridas, a força que Edimilson imprime ao material e o movimento, às vezes retrógrado, às vezes errático, são muito diferentes e, portanto, também o resultado visual. Percursos como o dele permitem aos educadores avaliarem com mais critério os tipos de suporte que devem oferecer e o que precisam observar nas experiências das crianças com o giz de cera sobre papel de seda e sobre cartolina; a caneta hidrográfica sobre papel-*craft* ou sobre papel-espelho, por exemplo.

7. O que aconteceu com nossos olhares

A partir do conjunto das séries de ilustrações, pode-se concluir, como formulação geral, que o processo de criação pressupõe muita pesquisa e experimentação visual e plástica e grande familiaridade com os materiais e os processos implicados nos diferentes fazeres: riscar, pintar, colar, imprimir, esculpir, modelar etc. Também exige continuidade, para que haja o tempo necessário às apropriações infantis. A este fazer, também se deve integrar o momento de apreciar e conhecer a arte e seus processos de produção. No entanto, para isso, os professores precisam, antes, reconhecer o que as crianças já sabem, como se expressam, o que gostam de desenhar. Também necessitam reconhecer a intenção, o propósito, a ludicidade, o trabalhoso processo de criação que está posto no desenho por meio dos traços, dos gestos e das ideias infantis. Essa é uma condição para que os educadores reflitam sobre os problemas construídos pelas crianças e como os solucionam, para que aprendam a propor desafios e reconheçam o processo de significação das crianças enquanto desenham.

Este rápido passeio pelo universo visual das produções infantis é apenas uma opção de trajeto. Muitas outras séries de desenhos poderiam emergir, mas, de todo modo, importante é reconhecer o valor do entrecruzamento de olhares que produz sentido a partir da ADI, do professor-supervisor, do supervisor pedagógico, do consultor e, por fim, de todos os leitores.

CONCLUSÃO

Conclusão

As séries de desenhos recolhidas ao final do Programa ADI-Magistério confirmam a ideia de que o olhar compreensivo e interessado do ADI é um fator relevante na construção das condições de desenho no CEI, bem como na qualidade da intervenção.
Isso pode ser notado na seleção dos desenhos levados pelos ADIs para as rodas de leitura nas aulas de Orientação da Prática Educativa. As amostras desse material revelavam as mudanças de posição desses profissionais, de modos de olhar para o desenho figurativo e também uma atenção maior para as garatujas e outros grafismos.

Os avanços estão presentes na produção de figuras e também nos grafismos, de modo geral. O fato de que os percursos não se concluem com a conquista da figuração é coerente com os princípios norteadores do trabalho. Nas rodas de leitura, na fala dos professores e nas propostas disparadoras das práticas no CEI, valorizaram-se as expressões gráficas fundamentais para as crianças que desenham, visando a ampliação da experiência de desenhar, não apenas o resultado dela. Além disso, considera-se que quatro meses (tempo em que o trabalho foi acompanhado pelos professores-supervisores) é pouco para promover tantas mudanças, a começar pela conquista de condições materiais básicas, por exemplo, a aquisição de canetas *hidrocor* para todos os CEIs.

CONCLUSÃO

A revisão dessa experiência teve como principais objetivos levantar os principais referenciais teóricos e sistematizar os elementos constitutivos de uma possível metodologia para o trabalho de formação dos professores de Educação Infantil, criando condições para a construção mútua de novos olhares. Portanto, é sobre os dois eixos que se organizam as conclusões.

1. Os referenciais teóricos na formação prática dos educadores

Para ser um parceiro mais interessante para as crianças, organizador de boas propostas, capaz de desafiá-las e ajudá-las a avançar, os professores precisam, antes de tudo, reconhecer o desenho infantil. Mas o ato de tomar o desenho como objeto de estudo não significa dissecá-lo, e sim abordá-lo como objeto sensível. Ao abordar os desenhos, os docentes colocam em jogo, além de conhecimentos e impressões pessoais, todos os saberes pedagógicos e profissionais que circulam no ambiente de uma instituição educativa e que influenciam suas interpretações sobre o desenho infantil. Por isso, é importante apoiar a formação inicial sobre novas bases, procurando os aspectos teóricos que podem levar os professores a "verem depois de olhar".

Vale citar que os autores apresentados no Capítulo 2 não foram tomados no conjunto de suas obras, mas sim por aspectos que permitem aos professores em formação compreenderem o que está em jogo quando a criança desenha. Os elementos escolhidos mostram

CONCLUSÃO

o desenho como uma elaboração do pensamento e da linguagem, que envolve o movimento e que, tomado nos contextos materiais e das interações sociais, constituem a atividade humana como totalidade. Em conjunto, tais conhecimentos ofereceram aos sujeitos em formação um campo a partir do qual se construíram os instrumentos que colaboram para a compreensão dos dois aspectos sobre os quais refletir: o que as crianças tentam solucionar em seus desenhos e como fazem isso.

Como proposta prática, o mergulho na visualidade dos desenhos infantis tomados como objetos de estudo foi uma experiência importante rumo à produção de significações pelos professores em formação. Nessa experiência não se desprezou a visualidade do desenho (o que não significa tomá-lo como produto final), mas ele foi aceito como produto da cultura infantil, carregando vestígios de uma atividade que envolve operações do pensamento e da sensibilidade estética.

Por outro lado, os professores foram vistos como sujeitos que se põem inteiros no mundo, donos de um olhar constituído historicamente, no enquadramento da experiência contextualizada pelo ambiente do Programa ADI-Magistério.

Além disso, seu olhar também é o resultado do entrelaçamento de outros sentidos pessoais que eles levam e que compartilham nas rodas de leitura com seus pares, podendo se comover pelos desenhos infantis. Para o exercício de seu olhar expressivo, eles utilizaram nos exercícios de leitura as ferramentas semióticas que podem construir nas aulas, o que lhes permitiu enxergarem e valorizarem aspectos que antes eram invisíveis.

Nesse contexto, o desenho pode se revelar aos ADIs como uma atividade humana criativa, promotora de aprendizagem e transformadora. Isso pode ser visto no modo como as crianças transformam o desenho ao mesmo tempo que foram transformadas por ele e, por outro lado, na maneira como os adultos se modificaram na experiência mediada de leitura dos desenhos infantis.

A partir do olhar construído nas interações da sala de aula, os ADIs puderam propor às crianças outras oportunidades para desenhar, primeiro experimentando e depois escolhendo criteriosamente os materiais mais adequados para cada proposta, a organização dos espaços para as atividades infantis, o modo de colocar as propostas e de acompanhar as soluções gráficas buscadas pelas crianças para os problemas que assumem para si no jogo de desenhar. Como consequência, notam-se avanços importantes no desenvolvimento de percursos criativos.

Vale também lembrar que a construção de referenciais teóricos cria condições para a mudança do olhar para os desenhos infantis; além disso, no contexto do Programa ADI-Magistério, esta é também uma exigência curricular da formação inicial dos professores de Educação Infantil, o que faz dessa experiência um possível modelo para os estágios de prática de ensino em Educação Infantil nos cursos de Pedagogia ou mesmo de Supervisão Pedagógica a ser desenvolvida por um coordenador pedagógico em qualquer unidade de Educação Infantil.

CONCLUSÃO

2. Um desenho para as metodologias na formação do olhar dos professores

Embora apresentem metodologias não voltadas especialmente para olhar os desenhos de crianças, como o fazem Ott e Housen, por exemplo, os estudos de Buoro (1998), Rossi (2006) e Sandra R. R. Oliveira (2006) sobre a formação do olhar inspiram reflexões para a organização de uma possível prática formativa no âmbito do tema proposto nesta obra. Todos esses autores partem da relação direta dos observadores com os objetos visuais, estejam no museu, estejam em outros espaços sociais, como é o caso das imagens presentes no cotidiano, nas diversas mídias de massa, e como proposto na metodologia de Oliveira (2006). Além disso, são atravessados pela palavra: as conclusões a que os observadores chegam sobre suas experiências visuais são fruto da relação entre o que veem nas obras e o que podem falar sobre elas. Dada a relação dialética entre o pensamento e a linguagem, é possível assumir que ao falar sobre os objetos, os observadores também passem a ver um pouco melhor.

Também se verifica, na análise comparativa, uma estreita relação entre o trabalho de Housen apresentado por Rossi (2006), o de Ott, apresentado por Buoro (1998) e o de Oliveira (2006): enquanto Housen esteve voltada para a descrição dos níveis de leitura, Ott preocupou-se com os passos para a formação desses tipos leitores, próximos aos também elaborados por Oliveira (2006). Os passos metodológicos de Oliveira, por sua vez, também se aproximam dos elaborados por Ott. Em todos os casos, a evolução parte do nível descritivo, que surge como o mais básico de todos, até a interpretação e, por fim, a recriação.

A partir dessas reflexões, pode-se pensar em três condições fundamentais para a formação dos ADIs. Em primeiro lugar, é necessário criar um espaço em que os objetos do olhar (os desenhos de crianças) sejam postos diretamente aos educadores. No contexto da formação dos ADIs, o acesso aos desenhos também passaram por elaborações no âmbito da palavra: além de desenhar, as crianças falam sobre suas produções e os professores, da mesma forma, discorrem sobre o que veem nos desenhos delas e sobre o que elas mesmas lhes disseram sobre os próprios desenhos.

Além disso, é preciso que o ambiente da formação seja promotor de boas interações, que a mediação permita o entrecruzamento de olhares e de apreciações verbais sobre o que se vê. Por isso, o registro, seja proveniente da memória, seja dos relatos orais, seja da escrita diária do educador, passa a ser instrumento fundamental para o exercício das leituras.

Por fim, é preciso cuidar em especial da passagem dos ADIs pela experiência do primeiro tipo de leitor, o descritivo. Considerando-se o contexto da Educação Infantil, a formação de um leitor descritivo passa a ser também um objetivo dos mais relevantes, considerando que muitos dos desenhos infantis não são rapidamente nomeáveis, o que dificulta, por exemplo, a significação das garatujas. Para os professores, o ato de falar sobre as figuras, por mais misteriosas que sejam, significa uma atividade mais simples do que falar sobre garatujas.

Por isso, os referenciais de Kellogg e as reflexões sobre os tipos de movimento são tão importantes: eles podem servir aos professores (e também aos professores-supervisores e supervisores pedagógicos) como um alfabeto visual a partir do qual se pode constituir um olhar e um pensamento sobre ele. Nesse contexto, a descrição dos desenhos revela aos educadores as estruturas das composições gráficas, ao mesmo tempo que também faz explicitar o próprio pensamento.

Os níveis de compreensão construtiva e interpretativa também são importantes à formação dos professores. Eles podem ser conquistados a partir dos três passos propostos por Sandra Regina Ramalho e Oliveira (2006): a desconstrução, ou movimento de elaboração de esquemas visuais; a redefinição dos elementos da composição; o estudo sobre procedimentos. Dada a concepção do olhar como elemento expressivo dos docentes, entende-se que tais passos devem ser vividos a partir das singularidades dos sujeitos envolvidos e suas complexas redes de significação.

A formação dos educadores no que seria o último nível, segundo Housen, analisado por Rossi (2006), que é o nível da recriação, passa a ocupar o espaço do planejamento dos ADIs; pois não se pode esquecer que, além de *fruidor* dos desenhos, eles também são responsáveis por promover as condições necessárias ao avanço das crianças.

Nesta obra, o esforço de sistematização não pretende apresentar um roteiro ou uma sequência estruturada de passos, mas sim o desenho de uma experiência mais arredondada. Tal experiência parte do sobrevoo sobre os desenhos de crianças, com os recursos próprios dos educadores, acrescidos de seus registros: relatos das interpretações das crianças, descrições dos contextos de produção e reflexão sobre a atividade da criança. Reconhecido esse território, ainda visto a distância, lança-se um novo olhar, fruto da conversa com seus pares, nas rodas de apresentação dos desenhos de crianças. Mas, como as condições de apresentação dos desenhos infantis também interferem na configuração do olhar, cuidar dos modos de mostrá-los em público, aos professores-supervisores e aos demais colegas, também passa a fazer parte da aprendizagem do olhar. Este é o momento do desvelar da visão informada. Só então é possível aos professores o ato de ver depois de olhar e descobrir o que há de novo nos mesmos desenhos infantis.

Esse primeiro círculo não se encerra sozinho, em si mesmo, mas deixa uma linha aberta para uma subida em espiral: o retorno ao exercício do planejamento, à sala de aula e ao encontro com as crianças, os novos desenhos que saltam aos olhos das crianças e dos professores e que voltam às rodas de leitura em grupo, momento de compartilhar olhares, outras tantas vezes.

Para a ampliação do olhar, também são importantes as ramificações desses círculos de leitura: as rodas de fruição de desenhos de crianças em sala de aula geram outros diálogos, com outros parceiros como os supervisores pedagógicos e destes com seus pares, criando uma rede de adultos educadores envolvidos no fenômeno do encontro dos professores com os desenhos infantis.

Referências

ARNHEIM, Rudolf. *Arte y percepción visual*: psicología de la visión criadora. Buenos Aires: Universitária de Buenos Aires, 1962.

AUGUSTO, Silvana. Do gesto à representação: uma rota de expressividade. *Rotas de aprendizagem*, São Paulo: Secretaria Municipal de Educação, 2003. Módulo 4 OPE.

BARBOSA, Ana Mae. *Arte-educação:* leitura no subsolo. São Paulo: Cortez Editora, 1997.

_____ (Org.). *Arte-educação no Brasil:* das origens ao modernismo. São Paulo: Perspectiva, 1978.

_____ (Org.). *Inquietações e mudanças no ensino da arte.* São Paulo: Cortez Editora, 2002.

_____; SALES, Heloisa Margarido (Orgs.). *O ensino de arte e sua história.* São Paulo: Museu de Arte Contemporânea da Universidade de São Paulo, 1990.

BOSI, Alfredo. Fenomenologia do olhar. In: NOVAES, Adauto (Org.). *O olhar.* São Paulo: Companhia das Letras, 1988. p. 65-87.

_____. *Reflexões sobre a arte.* São Paulo: Ática, 1985.

BRASIL. Ministério da Educação e do Desporto. Secretaria de Educação Fundamental. *Referencial Curricular Nacional para a Educação Infantil.* Brasília, DF: MEC/SEF, 1998. 3 v.

BUORO, Anamelia Bueno. *O olhar em construção:* uma experiência de ensino e aprendizagem da arte na escola. São Paulo: Cortez Editora, 1998.

REFERÊNCIAS

DA ROS, Silvia Zanatta; MAHEIRIE, Kátia; ZANELLA, Andréa Vieira (Orgs.). *Relações estéticas, atividade criadora e imaginação*: sujeitos e (em) experiência. Florianópolis: Universidade Federal de Santa Catarina, Núcleo de Publicações, 2006.

DERDYK, Edith. *Desenho.* São Paulo: Editora do Autor, 2007a.

_____ (Org.). *Disegno. Desenho. Desígnio.* São Paulo: Senac, 2007b.

_____. *Formas de pensar o desenho*: desenvolvimento do grafismo infantil. São Paulo: Scipione, 1989. Artigo 1.

_____. *O desenho da figura humana.* São Paulo: Scipione, 1990.

FOUCAULT, Michel. *Isso não é um cachimbo.* Rio de Janeiro: Paz e Terra, 1988.

GALVÃO, Izabel. *Henri Wallon*: uma concepção dialética do desenvolvimento infantil. Petrópolis: Vozes, 2008.

GOBBI, Marcia; LEITE, Maria Isabel. O desenho da criança pequena: distintas abordagens na produção acadêmica em diálogo com a educação. In: LEITE, Maria Isabel (Org.). *Ata e desata:* partilhando uma experiência de formação continuada. Rio de Janeiro: Ravil, 2002. p. 93-148.

HOUSEN, Abigail. *The eye of the beholder*: measuring aesthetic development. Tese (Doutorado em Educação) - Harvard University, Cambridge, 1983.

IAVELBERG, Rosa. *O desenho cultivado da criança.* Tese (Mestrado em Artes) – Escola de Comunicação e Artes, Universidade de São Paulo, São Paulo, 1993.
_____. *O desenho cultivado da criança*: práticas e formação de educadores. Porto Alegre: Zouq, 2006.

REFERÊNCIAS

IAVELBERG, Rosa. *Para gostar de aprender arte*. São Paulo: Artmed, 1997.

KELLOGG, Rhoda. *Análisis de la expresión plástica del preescolar*. Madrid: Cincel, 1987.

LOWENFELD, Viktor. *A criança e sua arte*. 2. ed. São Paulo: Mestre Jou, 1977.

_____; BRITTAIN, W. Lambert. *Desenvolvimento da capacidade criadora*. São Paulo: Mestre Jou, 1977.

LUQUET, Georges-Henri. *O desenho infantil*. Porto: Civilização, 1969.

MACHADO, Regina. *Ahc ed asac:* uma reflexão sobre a função da arte no magistério. São Paulo: Secretaria do Estado da Educação/Cenp, 1989.

MARTINS, Mirian Celeste F. Dias. *Aprendiz da arte:* trilhas do sensível olhar pensante. São Paulo: Espaço Pedagógico, 1992.

_____. *Arte*: o seu encantamento e o seu trabalho na educação de educadores – a celebração de metamorfoses. Tese (Doutorado em Educação) – Faculdade de Educação, Universidade de São Paulo, São Paulo, 1999.

_____. *"Não sei desenhar"*: implicações no desvelar/ampliar do desenho na adolescência – uma pesquisa com adolescentes em São Paulo. Tese (Mestrado em Artes) – Escola de Comunicação e Artes, Universidade de São Paulo, São Paulo, 1993.

_____; PICOSQUE, Gisa; GUERRA, Maria Terezinha Teles. *Didática do ensino de arte:* a língua do mundo – poetizar, fruir e conhecer arte. São Paulo: FTD, 1998.

MASSIRONI, Manfredo. *Ver pelo desenho:* aspectos técnicos, cognitivos, comunicativos. São Paulo: Martins Fontes, 1982.

REFERÊNCIAS

MÈREDIEU, Florence de. *O desenho infantil.* São Paulo: Cultrix, 1979.

MERLEAU-PONTY, Maurice. A dúvida de Cézanne. In: _____. *O olho e o espírito.* São Paulo: Cosac & Naify, 2004a. p. 123-142.

_____. O olho e o espírito. In: _____. _____. São Paulo: Cosac & Naify, 2004b. p. 9-64.

_____. *O visível e o invisível.* São Paulo: Perspectiva, 1974.

MOREIRA, Ana Angélica Albano. *O espaço do desenho:* a educação do educador. 7. ed. São Paulo: Loyola, 1997.

NEWMAN, Fred; HOLZMAN, Louis. *Lev Vigotski*: cientista revolucionário. São Paulo: Loyola, 2002.

OLIVEIRA, Marta Kohl de. Escolarização e desenvolvimento do pensamento: a contribuição da psicologia histórico-cultural. *Revista Diálogo Educacional*, Curitiba, v. 4, n. 10, p. 23-24, set.-dez. 2003.

_____. Organização conceitual e escolarização. In: OLIVEIRA, Marcos Barbosa de; OLIVEIRA, Marta Kohl de (Orgs.). *Investigações cognitivas:* conceitos, linguagem e cultura. Porto Alegre: Artmed, 1999. p. 81-100.

_____; REGO, Teresa Cristina Rebolho; AQUINO, Julio Roberto Groppa. Desenvolvimento psicológico e constituição de subjetividades: ciclos de vida, narrativas autobiográficas e tensões da contemporaneidade. *Pro-Posições*, Campinas, v. 17, p. 119-138, 2006.

OLIVEIRA, Sandra Regina Ramalho e. Imagem também se lê. In: DA ROS, Silvia Zanatta; MAHEIRIE, Kátia; ZANELLA, Andréa Vieira. (Orgs.). *Relações estéticas, atividade criadora e imaginação*: sujeitos e (em) experiência.

REFERÊNCIAS

Florianópolis: Universidade Federal de Santa Catarina, Núcleo de Publicações, 2006. p. 209-220. (Cadernos CED, 11).

OLIVEIRA, Zilma de Moraes Ramos de. A construção do pensamento e da linguagem. In:_____ et al. Creches: crianças, faz de conta & CIA. Rio de Janeiro: Vozes, 1992.

_____ et al. Construção da identidade docente: relatos de educadores de educação infantil. *Cadernos de Pesquisa,* São Paulo, v. 36, n. 129, p. 547-571, set.-dez. 2006.

_____. *Educação infantil:* fundamentos e métodos. São Paulo: Cortez Editora, 2005.

_____; CRUZ, Maria Nazaré da; SMOLKA, Ana Luiza Bustamante. (Org.). *Gestos, palavras, objetos:* uma análise de possíveis configurações na dinâmica interativa – a criança e seu desenvolvimento. São Paulo: Cortez Editora, 1995, p. 67-83.

OSTROWER, Fayga. *A sensibilidade do intelecto.* Rio de Janeiro: Campus, 1998.

_____. *Criatividade e processos de criação.* Petrópolis: Vozes, 1987a.

_____. *Universos da arte.* Rio de Janeiro: Campus, 1987b.

PANOFSKY, Erwin. *Significado nas artes visuais.* São Paulo: Perspectiva, 2007.

PESSOA, Fernando. *Obra poética.* Org., introd. e notas de Maria Alice Galloz. 2. ed. Rio de Janeiro: Aguilar, 1965. p. 132.

PILLAR, Analice Dutra. *Desenho e escrita como sistemas de representação.* Porto Alegre: Artes Médicas, 1996.

_____. *Fazendo artes na alfabetização*: artes plásticas e alfabetização. Porto Alegre: Kuarup, 1993. v. 2. (Alfabetização).

PINO, Angel. O conceito de mediação semiótica em Vygotsky e seu papel na explicação do psiquismo humano. *Cadernos Cedes,* Campinas, n. 24, p. 32-43, 1991.

RODARI, Gianni. *Gramática da fantasia.* Trad. Antonio Negrini. São Paulo: Summus, 1982.

ROSSETTI-FERREIRA, Maria Clotilde *et al.* (Orgs.). *Rede de significações e o estudo do desenvolvimento humano.* Porto Alegre: Artmed, 2004.

ROSSI, Maria Helena Wagner. A compreensão do desenvolvimento estético. In: PILLAR, Analice Dutra (Org.). *A educação do olhar no ensino das artes.* Porto Alegre: Mediação, 2006, p. 23-35.

ROUSSEAU, Jean-Jacques. *Emílio ou Da Educação.* São Paulo: Martins Fontes, 2004.

SALLES, Cecilia Almeida. Desenhos da criação. In: DERDYK, E. (Org.). *Disegno. Desenho. Desígnio.* São Paulo: Senac, 2007.

SÃO PAULO. Secretaria Municipal de Educação. *Movimento de Reorientação Curricular:* a visão dos educandos. São Paulo, 1993.

SILVA, Silvia M. Cintra da. *A constituição social do desenho da criança.* São Paulo: Mercado de Letras, 2002.

_____; SOMMERHALDER, Cinara. A percepção do professor de educação infantil sobre o desenho da criança. *Educação e Filosofia,* Uberlândia, v. 13, n. 26, p. 237-258, jul.-dez. 1999.

SOUZA, Solange Jobim. *Infância e linguagem:* Bakhtin, Vygotsky e Benjamin. Campinas: Papirus, 1996.

REFERÊNCIAS

TATIT, Ana; MACHADO, Maria Silvia Monteiro. *300 propostas de artes visuais*. São Paulo: Loyola, 2003.

VIGOTSKI, Lev S. *A formação social da mente*. São Paulo: Martins Fontes, 2002.

_____. *Imaginação e criação na infância*. Tradução Zoia Prestes. São Paulo: Ática, 2009.

_____. *Imaginación y creación en la edad infantil*. 2. ed. La Habana: Pueblo y Educación, 1999.

_____. *La imaginación y el arte en la infancia*: ensayo psicológico. Madrid: Akal, 1990.

_____. *O desenvolvimento psicológico na infância*. São Paulo: Martins Fontes, 1998.

_____. *O homem primitivo e seu comportamento, estudos sobre a história do desenvolvimento*: símios, homem primitivo e criança. Porto Alegre: Artes Médicas, 1996. p. 151-238.

_____. *Pensamento e linguagem*. São Paulo: Martins Fontes, 2005.

_____. *Psicologia da arte*. Porto Alegre: Artes Médicas, 2001.

Silvana de Oliveira Augusto

Estudou Filosofia na Universidade de São Paulo (USP). Lecionou Filosofia, mas foi na Educação Infantil que encontrou seu campo de trabalho. Nos anos 1990, trabalhou como professora na Educação Infantil, em São Paulo, onde iniciou sua pequena coleção de desenhos de crianças, guardando rabiscos, rascunhos e desenhos concluídos por autores de quatro a seis anos. Nos anos seguintes, investiu nesse conteúdo para a formação de educadores, enfocando os percursos de ilustração infantil. Tal experiência resultou em uma dissertação de mestrado e, posteriormente, neste livro. Atualmente, continua estudando o pensamento e as expressões infantis como pesquisadora de doutorado, na mesma universidade.